담양골
오딧세미

K-poetry

샘문시선 1041
윤동주문학상 수상 기념시집
이정록 제8시집

득도한 은자는
오백 년 후 후세들에
자유시, 현대시에 초석을 놓고
천 년 가사문학의 꽃을 피우고
도반이자 벗인 송강과 손 꼭 잡고
전설이 되셨네
〈송순의 전설, 일부 인용〉

사공아 배 띄워라
어기야 디어 어기여차
배 띄워라
떠나신 우리 님 완동골 계시더냐
구름다리 계시더냐
휘바람새 사랑가 타령이고
호국사 벚꽃 만발하나니
벌 나비 꽃을 찾네
〈낙화유수, 일부 인용〉

삭풍한설朔風寒雪 후려쳐도
겉옷 한 벌 걸치지 않고 설화를 피우고
푸르른 혼줄 놓지 않는다
사시사철 푸른 기상
대쪽 같은 신념
부패한 세상 대초리 치는
곧은, 면앙정 선비로 우뚝 선다
〈죽순의 전설, 일부 인용〉

님께
_____

년   월   일

_____
드립니다.

도서출판 **샘문**

담양골 오딧세이

이정록 제8시집

집필 의도

 오백여 년전 시작된 시문학의 전설을 간직하고 있는 시향의 고장이 바로 담양입니다.

 우리 한반도 현대인들이 쓰고 있고 위로받고 치유 받으며, 울고 웃는 인문학의 경지이고 성역이자 최고의 선상이 있는 시문학이 자유시입니다.

 이 자유시의 원류를 거슬러 올라가 보면 바로 1446년 세종대왕님이 창제한 우리의 한글로 순수하게 써 내려가는 자유시(운문시)입니다.

 최남선의 "해에게서 소년에게"는 현대적인 문예지 형태로 시문을 발표한 현대적 출간 문예지가 최초이지, 시문학의 최초가 아닙니다.

 정철 선생은 1588년 귀향지 담양에 송강정이란, 정자를 지어놓고 사미인곡을 발표하였는데 이 시기는 한글 반포한 지, 140년 후에 발표한 것입니다. 송강 정철 선생의 관동별곡, 사미인곡, 속미인곡, 성산별 곡, 훈민가 등, 선생이 발표한 시문(詩文)에서 한글을 사용하여 한시(漢詩)보다 좀 더 자유롭게 표현하여 써 내려갔습니다. 이 시도가 바로 "가사(歌辭)"인데 한글(언문)로 창작한 자유시의 시초(始初)입니다.

 그리고 담양 여인네들이 한지 두루마리에 자유시를

써 내려간 창작품들이 바로 두루마리 자유시입니다.

이 시대에 "가사"인 면앙정가를 집필한 면앙 송순을 비롯하여, 김인후, 기대승, 임억령, 양응정 등과 교류하며 자유시를 창작하였으며, 그 시절 시조 문학의 대표, 수장인 윤선도와 쌍벽을 이루며, 현대 자유시의 시초인 가사(운문시)가 지어져서 담양은 가사문학의 성지가 되었습니다.

그런데 현대인들은 특히 담양사람들까지도 이토록 가슴 떨리는 전설을 잘 알지를 못하거나 그 어마어마한, 시문학 콘텐츠 가치를 잘 모르고 있는 것입니다.

그래서 저 이정록은 현대 자유시(운문시)의 시초를 알리기 위해 가사문학의 성지인 담양의 대표적 콘텐츠 "담양골"이란 콘셉과 화두로 창작을 하였으며, 이번에 저 이정록의 제8시집으로 〈담양골 오딧세이〉 시집을 출간하기에 이르렀습니다.

노벨꽃을 피우기 위해 가사문학을 향수하는 시를 쳐서 우리 인류와 우리 한민족이 향수 하게 하여 우리 인류와 우리 민족의 행복과 자유와 평화에 기여하고 민초들의 보편적 삶에 기여하고 숭고한 가사문학을 고품격 콘텐츠로 승화시키고 최선상으로 끌어올려 한국 시문학을 세계인에게 향수 하도록 하여, K-문학 콘텐츠로 세계문학을 선도해 나가겠다는 신념과 사명으로 집필하였습니다. 감사합니다.

2024. 11. 07.
시혼의 산실 샘터 산방에서
지율 이정록 드림

내용 요약

저에게 피와 뼈를 준 고향을 깊이 사랑하기 때문에 그 안 흐르는 역사와 전설을 다 소환하고 길어 올려 시로 승화시키고 또한 남도지방의 유정한 사투리를 그대로 살려 동화와 같은 아름다운 시로 형상화 하였습니다.

시문학이 인간에게 어떤 역할을 하는지, 주는 감동이 얼 마나 큰 것인지를 향수하게 하고 싶습니다.
이것이 시문학의 본질이 아닐까요?

시문학 창작은 인간의 영성을 승화시켜 은사적, 이타적, 삶을 살아가도록 구축해 주는 도구로 인간이 창조한 가 장 심원한 예술이며 갈구하는 본향을 찾아가고 이상을 실현시키는 수단이 되게 하겠습니다.

서정성과시대정신, 보편적가치, 해학, 한민족 정체성을 바 탕으로 깔고 황폐화된 인류를 위로하고 치유하고 날 선 정의로 부패권력과 자본을 정화하고 측은지심으로 약하 고 고단한 민초를 보호하고 위로하고 치유하고 응원하고 자 최적화 접근법으로 다가간 작품입니다.

저자 샘터 이정록 드림

> 서 문

전설의 고향 담양을
뼈에 심어서 꽃 피우는 예향 시인

김 소 엽
(시인, 문학평론가, 대전대학교 석좌교수, 한예총 회장)

시집 [담양골 오딧세이]을 출간한 이정록 시인(샘터, 지율)은 40년 가까이 시를 써온 한국의 계관 시인(1992년 등단)으로서 스테디셀러와 베스트셀러 시인의 반열에 오른 역량 있는 시인이다.

또한 이정록 시인은 시인에 머물지 않고 (사)문학그룹샘문 (구,샘터문학)을 이끌어 가는 지도력이 있고 저명성을 획득한 시인이다. 현, 샘문그룹은 이미 오프라인과 온라인을 합쳐서 회원이 약 20만 명에 달한다. 또한 시인은 개인적으로 수십만 명의 충성 독자를 거느리고 있을 뿐만 아니라, 시문학(시, 시조, 수필 등) 시창작학과, 시낭송학과, 가곡학과를 개설하여 지도하는 교육부가 인가한, 전문대학에 준하는 학문적 샘문평생교육원 샘문예술대학 및 샘문번역원도 설립하여 운영하고 있다.

또한 김동리 선생과 이근배 선생이 1966년도에 창간한 대한민국 최고의 문학사 〈한국문학〉을 물려받아서 〈한국문학상〉 공모전을 매년 시행하여 시상하고 있다.
그리고 한용운 선생님 유가족에게 허락받아 〈한용운문학상〉과 〈한용운전국시낭송대회〉도 제정하여 매년 가을에 개최하여 시상하고 있다. 또한 매년 봄이면 샘문뉴스 〈신춘문예〉 및 〈샘문학상〉도 벌써 14년째 개최하고 있다.

또한 국가법률과 자격기본법에 의한 민간자격 교육기관과 자격 발급기관을 정부로부터 인가받아 많은 동량과 후학들을 지도해서 키워내서 사회나 학계에 배출하고 있으니 담양이 낳은 훌륭한 인물이다.

그럼, 시인에 대해서 좀 더 평을 해보기로 하자.

첫째로 그는 문학적 완성도가 높은 시를 써 오고 있다. 그러므로 시단과 많은 문인의 관심을 집중시켜 오면서 문학 활동을 다양하게 펼쳐오고 있다. 한국문학상 수상, 샘터문학상 대상 수상, 한국스토리문학상 수상, 한용운문학상 수상, 윤동주문학상 수상 등 많은 문학상 수상을 하였으며, 그간에 공적들이 인정되어 2019년 판, 국가상훈인물대전, 현대사의 주역들의 인물편, 문화예술 인편에 등재되었다. 인물록에는 조지훈, 윤동주, 이중섭, 서정주, 정비석, 노천명, 홍난파, 안익태, 김동인, 박목월, 염상섭, 박종화, 김동리 등과 함께 등재되었다.

둘째로 애향 시인이다. 그는 애향 시인으로서 그의 시샘의 뿌리를 고향에 두고 있다. 그는 누구보다 고향을 사랑하고 고향의 역사와 전설과 문화를 모드 아우르며 사랑하고 있다. 특히 [담양골 오딧세이] 시집에는 그의 시혼의 정신이 얼마나 많이 시에 애향심으로 녹아 있는지를 시편 詩編에서 보여주고 있다. 〈송순의 전설〉을 비롯해서 〈담양장날〉〈낙화유수〉〈영산 강 비경〉〈대통밥 설화〉 등을 살펴보면 고향을 깊이 사랑하기 때문에 그 안 흐르는 역사와 전설을 다 길어내어 시로 승화시킨 것이다. 또한 남도지방의 유정한 사투리를 그대로 살려 동화와 같은 아름다운 시를 엮어낼 수 있었던 게 아닐까!

〈그 놈 속이 꽉 찼네, 실하당게〉〈완동골 부자의 꿈〉등

서 문

은 그야말로 향토색 짙은 질박하고 정이 묻어나는 아름다운 시편들이다. 그래서 담양지몽을 오랜 세월 향수하면서 육순이 지나서까지도 꿈꿀 수 있었던 것이다.

완동골, 간아당, 만성리, 구름다리, 엉굴, 향교, 죽물전 등은 과거나 옛 지명에서 끝나는 무생물이 아니고 지금도 작가의 뇌리에서 살아 움직이며 숨 쉬는 동적인 생명체, 현새의 은사적, 이타적, 서정적, 사랑의 소재들인 것이다. 이는 그만큼 고향을 사랑하고 향수하기 때문이다.

셋째로 그는 한국의 시적 리더십을 가진 역량있는 시인 및 작가로써 많은 시문학 제자를 배출해 내고 있고, 그리고 현재 대림대학교 문예대학 주임교수로 재직하며 동량들을 배출해 내고 있다. 샘터문학(현, 샘문)에서 펴내는 컨버전스감성시집, 샘문시선, 한국문학시선, 한용운문학시선과 영상물을 통한 문학활동을 활발하게 전개하면서, 지속적으로 서울특별시와 중랑구로부터 한용운문학상 및 한용운전국시낭송대회를 후원받아서 매년 시행하는 놀라운 업적을 이루어내었다.

넷째로 그는 고향을 위해, 사회를 위해 국가를 위해, 인류를 위해 문화적 업적을 많이 이루어 낼 인재이다. 이정록 그는 누구보다도 열정적으로 시를 쓰고, 또한 고향과 사회를 위해 많은 문화적 업적을 이룰 수 있는 최상의 가치와 능력을 갖춘 시인이기에 이렇게 고생하면서 노력하는 인재를 응원해야 한다고 생각한다.

나는 이런 네 가지 이유로 샘터 이정록 시인을 대한민국과 전 세계 독자님들께 대한민국예술원 이근배 회장님과 국제PEN한국본부 손해일 이사장님과 함께 강력히 추천합니다. 감사합니다.

샘문시선 1041

윤동주문학상 수상 기념시집

담양골 오딧세이
죽향의 전설 담양 대서사시

이정록 제8시집

시인의 말 _ ·· 4
전설의 고향 담양을 뼈에 심어서 꽃 피우는 예향 시인···· 김소엽···7

제1부 송순의 전설

전설의 고향 담양을 ································· 7
송순의 전설 ·· 14
영산강 비경 ·· 16
제월당 달빛에 오르다 ····························· 17
죽로차, 시향과 버무리다 ························ 18
춘화春花 ·· 21
낙화유수 ··· 23
그놈 속이 꽉 찼네, 실하당게 ················· 25
선경 ·· 31
새색시 시집오는 날 ································ 33
선경의 추억 ·· 35
소쇄원, 우주를 아우르다 ······················· 37
소쇄옹 신선이 되다 ······························· 39
그믐달 연가 ·· 41
여름밤 하얀 꿈 ······································· 43
형설지공 ··· 44
용흥사 설중노루귀 ································· 50
추월산 천기누설 ···································· 51
추월산 산장의 밀회 ······························· 52

제2부 죽순의 백 년 전설

선경향仙境香 죽로주竹露酒 ·············· 54
죽녹원 주막 ······························· 55
터진 죽통밥 ······························· 56
대통밥 설화 ······························· 57
강산 풍월주인江山風月主人, 설화說花 ········ 60
봉창 1 ···································· 62
봉창 2 ···································· 64
꿈 ··· 66
죽순의 전설 ······························· 69
설중매 봄 사랑 ··························· 71
보리피리 나그네 ·························· 72
담양장날 ·································· 74
완동골 부자의 꿈 ························· 76
신의 날개 되어라 ························· 84
청산낙수靑山落水 ··························· 86
초심 ······································· 88
초가삼간 ·································· 91
죽순의 백 년 전설 ······················· 92
담양장날, 강변의 풍경 ··················· 94

11

제3부   자작나무는 자작하지 않는다

담양 예찬 ················· 96
시詩, 치유학 개론 ················· 97
무정한 사랑 ················· 102
희망 ················· 103
자작나무는 자작하지 않는다 ················· 105
마법의 성, 담양 ················· 107
만유인력 상수 ················· 108
천국 소스코드 ················· 110
불청객 ················· 112
홍매화 연정 ················· 113
하얀 꿈 ················· 114
아버지의 참빗 얼, 잡기 ················· 115
남북통일 ················· 119
그해 오월 ················· 120
달리는 인생 ················· 127
봄바람 ················· 129
은혜로운 인생길 ················· 130
사랑합니다 ················· 131

1부
송순의 전설

송순의 전설
– 은자와 면앙정

면앙 송순이 권세에 밀려
정계를 떠나 귀향하여
담양 봉산면 여계천이 흐르는 곳에
초당을 지어 은거하였네

그는 은둔자가 되어
시를 짓고 달을 치고 별을 따서
바람을 부르고
굽어서는 땅을 보고
우러러서는 하늘을 보며
높은 뜻 간직한 채로 오래도록 사셨네

젊어서 출사하여 천 리 만 리 내다보고
세상을 두루 살폈건만
당파와 권세에 꿈을 잃고
부패한 조정의 녹봉을 뿌리치고
옥편을 팽개치고 귀향하였네

향리와 삼인병풍 추월산을 벗 삼고 면앙정에 앉아
식영정 천년송과 시편을 나누고
송강정 은자와 우주를 논하고
소쇄원 소쇄옹과 봉황을 기다리더니
정자앞 상수리나무 정령으로 앉았네

득도한 은자는
오백 년 후 후세들에
자유시, 현대시에 초석을 놓고
천 년 가사문학의 꽃을 피우고
도반이자 벗인 송강과 손 꼭 잡고
전설이 되셨네

영산강 비경

새소리 맑아오는 추월산
영산강 시작하는 담양호수에
산빛도 내려와 물빛 붉그레하니
쪽배 꽃신 신고 걸어가는구나

늦봄 해 길어지는 밭고랑 따라
구슬프게 늘어지는 아리랑
시김새 선율 호수에 자지러지고
노을빛 머금은 추월산
늦산도화 붉게 익어가고

땅거미 드리워지니
산처녀 속살 보다 더 고운 달빛
영산강 여울 따라 별빛과 술래를 돌고
길손 길 길어질까
소쩍새 구슬피 울어대는구나

제월당 달빛에 오르다

달이 중천이니 부엉이 스산하고
동산에 달이 오르자 은빛이 가득하다

주인은 달을 당기어 마당에 들이고
또 당기어 마루에 들인다

마당과 마루에 달빛이 가득하고
연못까지 가득하여 윤슬을 산란하니
별빛도 따라 들어오는구나

주인은 홀로 달빛 서안書案으로 들어가 정좌하고
깊어 가는 여름의 정취를 음미하며
고독을 벗 삼아 시를 친다

열정으로 보낸 호시절
이제와 생각하니 한 줌의 꿈이었던 것을

연꽃 이슬 속 바스러지는 달빛을 보며
주인장 그만 깜빡 꿈길을 걷는다

동산에 오르니 달빛이 곱고
벽오동 우듬지 소쩍새 구슬프다

*제월당: 담양 소쇄원에 있는 정자원림

죽로차, 시향과 버무리다

면앙정 백학 달덩이 쪼아 부리에 걸고
식영정 천년송 관솔 향 피워 송강정 찾았네
주인 화초상 차려 시를 치자
솔향이 그윽하고 흑학黑鶴 날아오르고
벽에서 꿈꾸던 흑매화黑梅花 피어나네
흑매黑梅 침향으로 머무르다
대숲 바람에 스미어
광풍각 마루에 들이자
햇살도 따라 들어오네

영산강 원류 살아 숨쉬는 추월산
천삼화 피어나고
무등을 무등 태우는 지곡리
까치가 알을 품는 까지봉
푸른 솔 독야청청 장원봉 병풍을 두르니
"소쇄처사 양공지려" 정자원림이
벽오동 앉은 봉황을 닮았네

풍상 이끼 계류 타고 흐르고
더께 세월 뿌리 내렸으니
소쇄옹 꿈 가사문학 달빛으로 떠올라
황매화 젖가슴 들이고

수련화 솟곳치마 들이더니
벽오동 보라빛 눈썹 들여 걸고
사랑방 매향이 들이어 다향을 치다가
저고리 벗겨 들이고 꿀잠을 청하네

꿈 결 흐르던 휘영청 달빛
추성고을 지나 금수강산 돌아
우주를 아우르고
매향이 깨기 전 돌아와
댓잎 이슬 속에 잠이 드니
우주가 잠긴 이슬
시객 죽로차라 이름 짓고
호리병에 담는구려

이끼 낀 상념들
계류 맑은 물에 씻어 볼까?
대숲서 불어오는 죽향에 씻어 볼까?
이슬 친 물소리 눈빛 사이
양산보 낭창 소리 들리는디
연못에 야리 핀 수궁화 자궁 밑
아스라이 다가가서
사랑을 낚고
시어를 낚고
세월을 낚아 보려네

*소쇄원 : 전남 담양에 있는 우리나라 최초의 자연 정원
*제월당 : 소쇄원 내에 위치한 정자로서 일종에 책을 읽는 독서당과 묵객들과 담소를 나누고 잠을 자는 온돌방이 있는 공간(달빛을 들인다 하여 제월당이라 함)
*광풍각 : 소새원 내에 위치한 정자로서 손님을 맞이하고 담소를 나누는 사랑방(빛과 바람을 들인다 하여 광풍각이라 함)
*소쇄처사 양공지려 : 양산보의 조촐한 집이라는 뜻으로 우암송시열이 친필로 쓴 글
*양산보(1503-1557) : 조선 중종 때 사람으로 과거에 급제하였으나, 조광조의 문하에 있다가 기묘사화로 조광조가 사사되자 관직을 버리고 낙향하여 풍류를 즐기며 운둔 생활을 한 사람으로 일명 소쇄옹, 소새처사로 불림
*우암: 송시열의 호
*추성고을: 담양의 옛 이름

춘화春花

춘화春花 찾았더니
꽃가람에 윤슬만 피어있네

종달이에게 물었더니
오수午睡에 빠진 봄볕 깨워 손잡고
간아당 물빛 타고
봄 불 지피는 홍매 보러 갔다고
보리피리 ㅂㅇㅇ ~ ㅂㅇㅇ ~

두견이에게 물었더니
미쳐 자지러지는 봄바람 허리춤 잡고
대나무 뗏목 타고
봄 불 지피는 참꽃 보러 갔다고
밀피리 ㅃㅇㅇ ~ ㅃㅇㅇ ~

※ 오수 (午睡) : 낮잠
※ 윤슬 : 달빛, 햇볕이 물위에서 반짝이는 현상
※ 참꽃 : 붉은 진달래꽃
※ 간아당 : 영산강 상류에 위치한 담양읍 완동마을과 죽녹원이 있는 향교리 영굴 사이에 호국사 절과 죽세공예품을 파는 죽물전 중간에 위치한 물길이 깊은 강

〈강 주변에 절, 정자, 기암절벽, 대나무밭, 죽물전, 능수버들, 수령이 수백 년 된 벚꽃나무 수십 그루와 수령 500년생 팽나무가 조화를 이루고 있는 절경이다.〉

낙화유수
- 담양지몽

사공아 배 띄워라
어기야 디어 어기여차
배 띄워라
떠나신 우리 님 완동골 계시더냐
구름다리 계시더냐
휘바람새 사랑가 타령이고
호국사 벚꽃 만발하나니
벌 나비 꽃을 찾네

사공아 돛 올려라
어기야 디어 어기여차
돛 올려라
떠나신 우리 님 간아당 계시더냐
반도원 계시더냐
두견이 목울대 핏빛 울음 토하고
봄바람 강물을 가르나니
수중 만월滿月 길을 나서네

사공아 노 저어라
어기야 디어 여기여차
노 저어라
떠나신 우리 님 종촌에 계시더냐

도삭산 계시더냐
잔잔한 윤슬 바스라지나니
거슬러 오르는 날치떼 달빛을 난장 치네

사공아 꿈을 저어라
어기야 디어 어기여차
꿈을 저어라
떠나신 우리 님 담양지몽 꾸시더냐
로천 꿈 꾸시더냐
물안개 은백 선율 튕기나니
낙화落花 꽃배 되어
뱃길 따라 춤을 추네

*완동골 : 담양에 있는 만성리 마을(시인의 생가 마을)
*구름다리 : 구름이 머무르는 고개(완동마을에서 운교리 넘어가는 고개)
*간아당 : 완동골과 죽녹원이 있는 엉굴(향교리) 사이에 있는 영상강 상류 줄기로서 고개 위에 시조창 시인들이 하얀 도복을 입고 시조를 읊던 정자가 있고, 그 아래로는 수령이 300백년 넘은 팽나무가 있고 기암절벽이 있다.
그 위로는 수령 300백년이 넘은 벚꽃나무가 10여 그루가 있는 공원이 있고 호국사(절), 충혼탑, 그 옆으로는 죽녹원이 있는데 이를 통틀어 시인은 간아당이라 명명했다.
*종촌 : 연기군에 있는 마을 이름
*도삭산(度朔山) : 전설에 나오는데, 동방에 있는 바닷속에 있는 신비한 섬, 그 주위에 거대한 복숭아나무가 있음
*반도원(蟠桃園) : 천계(天界) 서왕모가 경작 관리하는 복숭아 밭(3,600그루가 있음)
*윤슬 : 햇빛이나 달빛에 반짝이는 물빛 현상
*담양지몽(潭陽之夢): 시인이 담양 생가에서 꾼 꿈, 인생 부귀영화는 일장춘몽과 같이 허무하다.
*로천(露天): 이슬 속에 하늘

그놈 속이 꽉 찼네, 실하당게

"오늘이 장날이여, 언능 일어나 세수혀야
새벽닭이 여러 번 울었당게
니 어미는 부석에서 밥상 차리고 있어야"

"아부지 동상들은 깨울깨라우?
오늘 참빗 팔러나가야 되는 디, 참빗 궤짝을
보자기로 싸야지라우?"

"아야, 니 동상들은 깨우지 말고 더 자게 놔두랑게
낮에 꾸는 꿈들이 얼마나 많은지 피곤한가비여
밤 꿈도 많이 꿔야되니께 더 자게 놔둬야
너나 언능 서두르랑게, 참빗 궤짝도 잘 싸서 챙기고"

"녹두야 밥상 차려 놨응게
대사리국에다 말아서 먹어라
속이 따뜻혀야혀, 속이 훈훈해야 참빗도
속이 훈훈한 임자를 만나는 거여
참빗 주인이 속이 허하면
박복하게도 속이 허한 작자를 만나는 거여
니 아부지도 언능 진지 잡수시라고 혀라"

어미 품에서 데운 뜨끈한 아침을 먹고

아들은 등짝에 참빗 궤짝을 메고
아비를 따라 길을 나선다
실개천 굽이쳐 물수세미꽃 춤추는
징검다리 사이 흰뺨검둥오리 건너고
물푸레나무 가지에 물안개 걸려있어
붉은 햇무리 찬란한 담양장날 죽물전 길

"올 여름내 동상들하고 친구들하고
물속에서 살았지야?"

"네 아부지, 물속 잠긴 섬 뻿기랑,
대사리 말조개 잡기랑 법수로 피라미 잡기랑
작살, 쪽대로 붕어 잉어 메기 잡기랑 했어라우"

"응 그랬어야 그랑게 입술이 퍼렇게 질려서
백구도 안 걸리는 오뉴월 감기 걸려부렀지야?"

"웅웅웅 아부지 밉당게요 놀리지 마시랑게요"

아비와 아들이 교감하는 사이
참빗 경매장에 도착했다
경매장 관리자가 아들 등짝에서
참빗 궤짝을 내려 받아 긴 좌판대 맨 앞에 놓는다
이윽고 경매가 시작되고 명품名品인 녹두네 참빗이
제일 먼저 경매가 시작된다
"이 색동참빗은 조선 천지 최고 장인인

완동골 암우 이센이 만든 참빗인 게
가격들 불러 보시드라고요"

경매인 말이 떨어지기가 무섭게
눈들이 빛이 나고 손짓을 교환하더니
가격들을 써내고 최고 가격을 써낸
서울 화신백화점에 낙찰이 된다
아비는 참빗 판 돈을 전대에 넣고,

"우리 가족 손이 천 번도 넘게 간 참빗인 게
우리 식구여,
아야, 저 눈빛 좀 봐라 섭해서 눈물을 찍어내잖여
헤어지기가 서러운 거제, 맴이 짠 허다
그러나 어쩌건냐 딸자식 시집보내는 심정으로
보내야제
그래야 남은 새끼들 옷도 사주고
학비도 보태고 목구녁이 포도청인 게 어쩌건냐"

아비 눈이 붉어진다
아들도 눈물을 옷소매로 찍어내며,

"아부지 언능 가잖게요 우리가 보고 있으면
저 완동처녀가 시집을 못가고 마음 아파서 운게라우
인자 보내 줘야지라우 그만 가잖게요"
헛기침 하던 아비는 속으로 되뇌인다
"그놈 속이 꽉 찼네, 실하당게

아비보다 나은기여, 나는 자식 복이 많당게 흡흡"

아비는 조기 한 두름, 홍어 한 마리,
김 두 톳, 자식들 옷 양발 고무신을 사들고
참빗 재료인 대나무를 주문하고 주막에 들리자
주모가 반갑게 맞는다

"오메, 어서 오쇼잉 오랜만이랑게요
우리 녹두장군도 납시셨당가요 호호호"

허리를 꼬며 너스레를 떤다
아비는 두 그릇 장국을 시키고
옥수수로 빚은 탁주 반 되를 시키자

"덤으로 암뽕순대 좀 드릴 테니 맛있게 드싯쇼
녹두장군님도 호호호"

주모의 품만큼 푸근한 입담, 인심과 함께
탁주와 장국, 암뽕순대를 내어놓자
부자는 한참을 정신없이 먹는다
아비는 거나해지자 취기가 도는지
흰 두루마기 안쪽 주머니를 뒤적이더니
색동참빗 한 개를 꺼낸다
그런데 좀 특이하다
낙죽이 홍매화다
특별히 화조도로 채색을 한 것 같은데

요요한 홍매화가 만개한 색동참빗을
주모 손에 꼭 쥐어주며,

"항상 고마웁게 받어 곡성댁 아니, 설란이, 내 맴이여
누가 본게 언능 받으랑게 자 언능"

"아이고매야 이를 어쩌야 쓴당가
내가 뭐 해준 게 있다고 잘 생긴 얼굴만큼이나
이녁은 맘씨도 곱당게요 고마워라우
장날은 정신없는게
언제 돼지 잡고 한가한 날 오시랑게요
한 잔 치시잖게요 호호호"

사실 녹두 아비인 사내는 배우를 해도
손색이 없을 만큼,
아니 배우보다도 더 잘 생긴 사내다
그가 만담하는 날이면 동네 처녀나 아낙들
아이들이 집안 가득 모인다
남은 암뽕순대에 덤을 더 얹어 주모에 정성까지
가득 포장해서 건네받은 부자는
집으로 향하는데
아직은 해가 중천이라 햇살이 뜨겁다

징검다리를 건넌다
아들은 납작한 돌멩이를 골라 힘껏 던져본다
하나 둘 셋 넷 다섯 여섯 일곱 여덟 아홉 개다

펄펄 찌는 은 모래밭 신기루를 산란한다
모래찜하던 누나의 강변연가가 들린다
여름을 떠미는 바람이 분다
수부연꽃 빛깔 고운 간아당에는
버들치떼 피라미떼 물빛 춤을 추고
물닭이 둥지 치는 수초 밭 사이
햇살 난장 치는 청록빛 풀벌레 소리 물수제비 뜨고
아비와 아들은 물수제비를 타고
집으로 향한다

선경
– 시향의 고향, 담양

오월의 햇살 눈부시고
초록은 싱그럽다
산등성이마다 신록의 파동 풍성하고
뻐꾹이 이 산 저 산에서 애절한 고백이다
봄이 절정인 이때쯤 들리는 새 소리는 정겹기만 하고
어둠이 드리우기 시작하면 울어대는
못자리 논 개구리 합창이
곡창지대의 풍요를 기약한다

서울에서 출발해 익산을 지나자
들녘이 시원하게 들어 온다
모내기 풍경 사이로 논두렁 자운영
연분홍과 연초록의 배색으로
인상파 그림처럼 바람에 출렁인다

장성 백양사를 지나
천 년 고찰 용흥사 고개를 넘으니
남도의 공기가 상쾌하다
길섶 개오동나무마다
보라 꽃송이 한껏 매달고
오월의 풍경을 즐기고 있다

담양읍내에서 메타세콰이어 길을 거쳐 창평면을 지나자
멀리 무등산을 뒤로하고
널푸른 광주호 물 위에 초여름 녹음이 그득하다

물살이 출렁일 때마다
산 그림자 드리워져 녹빛 선율을 날린다
물길 아래 물고기떼 한가롭고
오수 햇살에 드문드문 정자가 보이는
지곡리 병풍이 차르르 펼쳐진다

조선문학의 산실 가사문학관에 들러
선배 문인들의 고시조 작품을 두루두루
섭렵하고 다시 길을 나서자 무등산이 보이고
수묵담채화로 펼쳐진 원림 사이로
정자며 고옥들이 사색을 즐긴다
조선시대 정통 정원으로 손꼽히는 소쇄원을 비롯해
조선 사대부 정자의 아름다움을 한껏 보여주는
송강정, 면앙정, 식영정, 소쇄원 명옥헌은
한 권의 도록과 한 권의 시집을 펼쳐보는 듯하다

몇 백 년 전 후 살다간 시인들 시심詩心,
호수 저 깊은 곳, 오랜 세월 떠돌다
이를 삼켜버린 잉어 심장 속에서 불뚝 거리다
시향詩香으로 배설되어
물빛 선율로 낭창 낭창거린다

※추성고을 : 담양의 옛 이름

새색시 시집오는 날

완동골이 시끌벅적하다
경상도 새색시가 시집오는 날
양각리도 구름다리도 엉굴도
콩새들 속보 전하느라 정신이 사납고
까치와 참새들 탱자나무 우듬지
자리 접수 전 치열하다네

꽃가마 저 멀리 보이자
축하 비행하는 물제비 물을 차고 날으네
영산강 원류 간아당 아래
완동골 앞냇물 징검다리 건너자
냇가 미나리밭 새들어 사는 연화蓮花 아씨
꽃대 쑤욱 올리고
연분홍 입술 삐쭉거리네

천 리 길 부산 영도에서
곱단한 새색시 시집온다고
녹두장군 집에서 잔치가 벌어지네
담양 완동마을 축제의 날
사물놀이패 자진몰이장단 자지러지니

당산나무 가지에 깃든 바람의 신은
휘몰이장단으로 몰아가네

백마 탄 녹두장군 따라
새색시 꽃가마 타고 도착하셨네
태조대왕 22대 손 녹두가
고운 새색시를 맞았다네
혁명 같은 세상이 열리는
축제의 날이네

선경의 추억

소쇄원 맑은 물에 귀를 씻고
동산 밝은 달에 눈을 씻어보는데
쉼 없이 흐르는 사계四季가 야속도 하지만
다가올 꿈들도 기다려진다

어제는 갑자기 바람이 불고
먹구름 비를 뿌렸는데
오늘 아침은 하늘이 청명하고
햇살이 눈부시다

아무리 생각해봐도
돌팍에 앉자 불어오는
바람소리 새소리에 맘 빼앗기던
그때가 선경인 듯하다
오늘의 나도 내일엔
아름답게 기억할 수 있을까?

제월당 대청마루에 앉아
높아진 하늘을 보는데
그 사이 무심코
추억의 노트 속에 묻어 두었던
그 사람이 생각나고
매기의 추억을 흥얼거리는데

사람 마음은 도무지 모를 일이다
왜 이토록 좋은 시간에
잊혔던 그 사람이 생각이 나고
노래를 흥얼이는지, 맘이 허전해지는지
알다가도 모를 일이네
정말 모를 일이여

소쇄원, 우주를 아우르다

은은한 봉창 빛이 숨을 쉬고
사랑방이 정감어린 공간으로 변하고
우주 공간처럼 느껴진다

대숲 개울물 건너 계단을 오르니
좌우가 고풍스럽게 펼쳐지고
황매화 백매화 홍매화 배롱나무 백일홍이
초여름 기운을 한껏 땡긴다

대나무 숲 서걱거리는 소리 들려오고
복사꽃 모과꽃 피어나고
매화 낙화 계류를 타고 흘러내리던 봄날
무릉도원이 따로 없던 이곳 광풍각

계곡 너럭바위에 앉아
백 년 전 쳐 놓았던
매화시주梅花詩酒 한 잔 권하며
시심 통하는 시객들과 시 한 수씩 읊다가
한 여름엔 새소리 장단 맞추며
연꽃 뿌리내린 땀샘에서 등목이라도 한다면
오싹한 마음이 일어나 정신이 나고
상념이 안정될 것이다

심신이 윗집으로 옮긴다
달빛을 들이는 제월당이라는 당호가
묵직한 묵향이 가득하다
그 시절 시류詩流가 흐른다

광풍각 묵객들 시제詩題를 던지고
제월당 서재 주인 답글 쓰느라
붓 끝에 매달린다

우직한 바우 위 시원하게 앉은 집
기와짱에는 몇 백 년 묵은 와송들이 술상을 펴고
달을 치며 매향이 솔향이 죽향이
애타게 부른다

소쇄옹 신선이 되다

바람을 타고 스미는 은은한 봉창 빛으로
서재가 심미한 공간으로 숨을 쉰다
광풍각이 자연친화적 시공으로
변신하는 술법을 부린다
대숲을 끼고도는 계류 건너 계곡을 오르면
오른쪽 풍경이 시원하게 펼쳐지고
흐드러진 백매화白梅花 홍매화紅梅花 황매화黃梅花
초하初夏 기운을 한껏 부른다

대숲은 댓피리 연주하는 듯 댓잎을 흔들고
선비의 그윽한 낭창소리도 들린다
매화 꽃잎 계곡물 타고 흐르는 봄날
선경仙境이 따로 없던 이곳
너럭바위에서 어느 해 담가 놓았던
죽로주 한 잔 마시며
삼복더위에 뻐꾸기 소리 들으며
계곡물에 발을 담그니
천하가 내 것이다네

제월당으로 발길을 옮기니
달빛 곱게 비추는 집이라는 뜻의 현판에
우암의 묵향이 가득하다

광풍각이 묵객들 한담을 나누는 공간이라면
제월당은 양산보가 글을 치는 서안이 있는
공간이다
가파른 축대를 쌓고 고즈넉하게 지은
누옥陋屋은 걸작이다중에 걸작이다
송시열이 제월당 추녀에 만월을 당기어 건다

※우암: 송시열

그믐달 연가

가랑잎 이슬에 젖는 밤
완동골 간아당 지나 엉굴 대숲 길
손잡고 걸으며 소곤거리시다
초가 담장에 턱 걸터앉으시네요

사립문 여니 별빛 따라 들어와
대나무 평상에 앉는데
그대는 슬쩍 드려다 보고는
찬바람 나게 돌아 서시는군요

초저녁 양각산 아래 영산강 비추시다
어느새 호국사 탑돌이 하시니
가슴 아픈 사연 범종이 흐느끼네요

완동골 당산나무에 세찬 바람이 일고
바랑 메고 구름다리 넘어가는
그대 뒷모습 휑하니 밝아 쓸쓸하네요

반장네 목 타는 천수답 달물 축여 주시고
새벽녘 이장네 대밭에서 망태버섯 여왕과
죽로주 몇 잔 거나하게 드시고
희희낙락 하시는지 안보이시네요

완동골 아낙은 비련의 주인공
가슴 저리는 고독한 밤 지새우며
눈물짓는 외로운 밤 지새우며
그대 오실 날만을 기다립니다

여름밤 하얀 꿈

함박눈 소복히 쌓인 완동마을
어둠이 구름다리를 건너면
반짝이는 마을은 하얀 꿈을 꾼다
소박한 설꽃이 흐드러지게 핀 마을
외진 초가 문간방의 호롱불이
아스라이 반짝인다

홀연히 든 묵객
지난 어느 봄날 눈물바람 하던 모란
눈앞 선하게 아른거려
화선지 눈물 적셔내는 연서를 쓰시나?
시화를 치시나?
문풍지 사이 흑모란 흐느낀다

열대야 축 늘어진 여름밤
꿈속 스민 하얀 완동마을은
월백月白 소나타가 산란한 설화가
서럽게 반짝인다

흐느끼는 흑모란
비애를 말해 주듯이

형설지공

여름밤 소년은 만성리 앞냇물 도랑으로 향한다
여러 갈래로 갈라져 흐르는 개골창에서는
개구리들의 합창이 요란하다
그 중에서도 대장 개구리 머구리에
굵직한 바리톤 화음이 합창을 주도한다
별빛 관현악단에 연주 속에
여치 찌르레기 귀뚜라미 소쩍새 황조롱이 수리부엉이
콜라보 화음이 구성지게 어우러지며
소년을 위한 애상곡이 별빛 선율을 타고
밤하늘에 울려 퍼지고
반딧불이는 축하비행을 한다

여러 갈래 개골창이 합쳐지는
계류가 흐르는 도랑으로 가는 이유는
반딧불이를 사냥하기 위함이다
수정 이슬 모아모아 흐르는 듯 흐르는 도랑은
피리 꺽지 황쏘가리 미꾸라지 빠가사리 가재 산매기
모래무지 중탱이 퉁가리 쉬리 메자 새우가 사는
일급수다
천기석 몽돌 들추면 대사리가 쏠쏠하게 붙어 나온다
실개천 만나는 하류지 도랑은
수초와 습지 길섶이 적절히 조화를 이뤄

대사리 군단이 장갑차로 단단하게
무장하고 주둔한다

반딧불이는 대사리가 많이 사는데서 자생 하는데
유충 때 대사리를 먹이 삼아 성충이 된다
땅굴을 파고 들어가 성동격서 게릴라 작전으로
다슬기군단의 간과 심장을 파괴해 씹어가며 성글어져
레이저빔을 장착한 우주전함으로 거듭나는 것이다
마법의 레이저빔은 인간들의 꿈을 생산 한다
한여름 밤 인간들은 그 꿈을 먹고 산다
꿈은 뇌하수체 속에서 자라서
인류의 꿈이 되고 대자연의 꿈이
우주의 꿈이 되는 것이다

소년은 그 꿈을 쫓아 개천 옆 도랑으로
향하는 것이다
채집망과 잠자리채를 들고 도착했다
달이 성글지 않아 별만 헤이는 냇물은 깜깜하여
별빛에 의지하여 사냥을 한다
주머니에는 엄니 몰래 넣어온 하지감자들이
공기놀이를 한다

채집망으로 꿈을 발산하는 반딧불이 잡아채서
한두 마리씩 포획된 포로들을 채집망에 담고
또 잡아서 담고를 연속 한다
뱃속에서 꼬로록 용트림을 하면 주머니 속

하지감자 꺼내 먹으며
풀섶에 자리한 널찍한 돌팍에 앉아
중천에 별들을 헤인다

"저건 북극성 북두칠성 삼태성 큰곰자리
작은곰자리 카시오페아 자리여"

손가락 끝으로 가리키고 찾아서
몇 개이고 무슨 형상인지
자신이 마치 어둠의 정령이라도 되는 양
별들의 주인이라도 되는 양
구시렁거리며 그리고 그려 본다
그리곤 "저 샛별은 내 별이여" 하며
화룡정점 찍는다

또 잡기 시작 한다
그렇게 꿈을 채집하다 수초 촉수에 걸려
풍덩하여 생욕을 치루고
젖은 옷 벗어 도랑물에 흔들어 짜내고
털어서 다시 걸쳐 입는다
어림잡아 오십 마리쯤 잡았을까
목표치가 됐다고 생각한 소년은
반딧불이와 별을 뒤로하고 집으로 향하며
콧노래 흥얼거리며
한참을 걸어 집에 도착한다
사립문 밖에서 일단 집안 분위기를 살피는 소년은

꼭 뭘 훔치러 온 밤손님 같다는 생각이 문득 들었는지
키득거리며 손으로 입을 틀어쥐고 웃는다
아부지 엄니가 다 주무시고
동생들도 잠자는 것 같다고 판단한 소년은
슬금슬금 탱자나무 담장에 숨겨둔
가마니 짝을 찾아 턱 걸쳐 올리고 폴짝 넘어
집안으로 넘어가기를 성공한다

사립문 옆에 붙어 있는 행랑방이
공부방 겸 잠자는 방으로
남동생 세 놈과 같이 쓰는 방인데
소년은 숨죽이며 살금살금 기다시피 들어간다
동생들 잠이 들었는지 살피고서는 안심이 됐었는지
물에 젖은 하지감자 한 개를 꺼내 먹고서는
젖은 옷을 갈아 입는다
그 다음 잡아 온 반딧불이를
책상 위 천장에 걸어서 높이를 가늠한 다음
끈으로 동여매고 얼굴을 갖다 대니
산란하는 꿈을 황홀경으로 초대하자
파안대소를 짓는다

다음에는 스크랩북과 파스텔을 꺼내고
아톰 만화책을 찾아 책상 위에 펼쳐놓고
반딧불이 빛이 생산하는 무동력 옥색등 밑에서
만화를 본다
그러다 킥킥대기도 하더니 갑자기 낄낄낄 웃는다

소리 없이 포복절도를 하다가 배꼽이 빠지기도 하고
벙글어져 파안대소도 짓는다
자신이 생각해도 꼭 미친놈 같다는 자각을 하는지
"이거 내가 왜 이러는기여" 하며 또 낄낄대니
갑자기 배가 뒤틀리고 손에 쥐가 나서
흔들어 대고 좌우 손끼리 주무른다
소리를 안내고 웃어 재끼려니 힘이 드는 것이다

한참을 그렇게 만화 삼매경 빠지더니
4B연필로 만화 속 주인공 아톰을 스케치 한다
스케치가 끝나자 파스텔로 색칠을 한다
덧칠도 하고 검지로 문질러서 질감도 조절한다
그러다 소년은 갑자기 한문시간에 배웠던
형설지공이 생각나서 낄낄 대더니 그러다 숙연해진다
마치 자신이 공자선생이나
이항복선생 흉내를 내보는 것이다

"엄니, 나중에 호롱불 없이 반딧불 밑에서
엄니는 홍두깨로 밀고 말아서 칼국수를 썰고
나는 그림을 그리고 시합 한 번 붙어 보잖게 엄니"

"아님, 반딧불이 열 마리만 아니 다섯 마리,
그것도 아니여 나는 연습을 많이 혀서
발군의 실력인게 세 마리만 키고 해 봅시다요"

이런저런 생각을 하다가 또 낄낄 댄다

아무튼 기회를 봐서 엄니한테 도전해봐야지 하면서
소년의 상상은 어머니와 벌어질 한 판 승부에
가슴이 설레인다
밤은 깊어서 귀뚜리는 소년을 위한 애상곡으로
으슬한 밤공기를 덮이고
반딧불이 옥색등 소등하더니 잠자리를 펴고
만화는 활동사진으로 꾸며낼 상상화 밤새도록 편집하여
코골이 소년이 흘리는 침으로 덧칠을 하고
채집된 꿈이 발산하는 빛은 찌르레기 꿈꾸는 소리 따라
꿈들의 나라 은하를
소년은 아톰이 되어 날아다닌다

소년은 꾸밈없이 내제된 감성을 발현하여
자연을 벗 삼아 꿈을 꾸었고
형설지공이라는 추억 간직하게 되었으니
이는 영원히 기억되어 살아 숨 쉬는
전설로 남은 것이다
귀뚜리 홍엽 축제 때 낭송할 시 친다
귀뚤귀뚤 하는 밤
어느덧 시인이 된 소년은
세포에 새긴 전설 새록새록 되살아나
꿈을 치는 반딧불이 마법의 빛을 쫓아
완동마을 개천가 도랑으로 향한다

용흥사 설중노루귀

춘설春雪 아직 남아 있어
춘풍春風 옷깃 여미고 햇살은 쪽문 열지 못해
살금살금 봉창 문틈 들추네

햇살 한 줄금 당기는 소녀
뽀송한 솜털 귀 쫑긋 세워 잔설 밀어올리고
곧추세운 꽃대궁 열고
속정 다소곳 펼쳐
사랑이 서투른 봄바람 유혹하네

눈꽃 설움에 묻어둔 그리움 하나
꽃신 신고 걸어오는 봄빛 하나
뽀송한 젖빛 내음 속으로
살살 유혹하는 소녀
봄 사랑으로 여미네

추월산 천기누설

추월이 하늘 올라 천기를 몰고 오듯
좌청룡 우백호가 산천을 감싸 안고
上峰이 높이 솟아나 영산강 품었네

天氣와 地氣 만나 한 역사 맥을 긋듯
추월의 천기누설 옛 비밀 토하는데
추월산 山川地氣에 신비력이 놀랍네

추월산 금성산성 시대를 넘나들듯
치욕의 임진왜란 민초의 동학혁명
인생과 자연 앞에서 한 시대를 접하네

추월산 수려함을 담양호 품어 안고
上峰에 올라서서 보리암 바라보니
부처님 염화미소가 치유하네 역사를

추월산 산장의 밀회

야한 밤 너와 내가 단둘이 숨을 쉰다
별빛이 반짝이는 적요한 이 한밤을
꿈속을 헤매이듯이 우리 사랑 격하네

새 아침 숲속에서 산새들 울음소리
질펀히 흘러내린 풀 내음 솔향기 속
풀벌레 노랫소리에 기지개를 켠다네

추월산 푸른 숲속 하늘 문 열리듯이
치솟는 정염으로 우리 속정 열리고
욕망에 불타는 가슴 행복 젖어 흐르네

숨 토한 너와 내가 밀어를 주고받듯
떨리는 격정 속에 행복감 맛보듯이
풀숲에 누워버린 넋 고요 속에 잠드네

2부
죽순의 백 년 전설

선경향仙境香 죽로주竹露酒

푸른 기운이 서걱이고
대쪽 같은 선비들 넋이 출렁이는 대숲
댓잎 청절淸節의 눈물 대롱거리고
두견이 피울음 소리 구슬프고
댓가지 끝에 걸린 달 흘러내려
영롱한 이슬 속에 잠기네

백 년을 기다린 교조적 신비의식
대숲 정령들 죽로화竹露花 피워 내고
전설 머금은 댓뿌리 이슬 길어 올리는 소리
지친 심신을 치유하는
죽로주竹露酒 누룩 익어가는 고요

고독을 먹어치운 달밤이면
목마른 영혼을 적시며 살아온 세월에
아련한 흔적들
서걱서걱 스싹스싹 상처들 들어내고
죽로주 향 쓰라린 넋魂을 덥히니
위로가 되고 치유가 됩니다

죽녹원 주막

완동골 낭자들 색동참빗로 댕기 따는 그곳
향교 엉굴 선비들 사군자 낙죽 치는 그곳
난, 죽녹원에 가고 싶네

파랑새 머물고 죽향 흐르는 아늑한 그곳
달빛 별빛 들여놓고
싱그러운 대숲 들여놓아
물빛 꿈을 치며 비경으로 서있는 그곳
난 간아당에 가고 싶네

하얀 박꽃 달을 짓고
교태부리는 솜대粉竹 간드러지고
향심鄕心 징검다리 넘실거리는 그곳
우후죽순 기개 펼치는 대쪽 선비들
하얗게 피어나는 망태 여인들
시화 치고 낭창하며 쉼 하는 그곳
난, 선향仙鄕에 가야겠네

어머니 품처럼 아늑한 그곳
첫사랑이 눈물짓던 그곳
한 잔 술에 불콰한 홍등
숙향이 따르는 술잔에 시향 잘름거리는
난 추성고을에 머물겠네

터진 죽통밥

대쪽 같은 선비의 기상과
푸른 넋이 깃든 완동골 부석재 대숲
삭풍 한설 후려도
죽피 도롱이 한 벌 걸치지 않고
댓가지 희득희득 설화 피우고
댓잎사구 쓱싹쓱싹 손 비벼 덥혀내고
사시사철 뻗치는 기운 천 년을 살아 견뎠어

죽력, 죽황의 내공 층층이 쌓고 쌓아
마디마디 원통 속
우주의 순환과 자연의 이치와
대꽃 사랑 이야기
인간군상의 삶 이야기 주워 담았지
신령스런 허리 마디마디 잘라
갖가지 요리재료에 섞었어

방구들 덥히는 곳
부석 고래에 걸터앉은 가마솥에
층층이 쌓아 관 뚜껑 닫듯 닫았어
댓잎 날갯쭉지 꺾어 푸른 불 댕겨
아궁이 아가리에 군불을 지폈지
군불 잠재우고 뜸을 들였어

대통밥 설화

옛날 옛적 담양 완동마을에 만석꾼이 살았다
그는 큰 부자였지만 인심이 고약하여
이웃으로부터 손가락질을 받았다

하루는 큰 절 용흥사에서 한 스님이
시주를 받으러 왔다
만석꾼은 번번히 자리를 피하였으나
그날은 방문이 열려있는 상황이라
탁발승을 피할 수가 없었다

탁발승은 오랜 평염불에도
주인이 들은 척을 하지 않자 되돌아 서려하는데
장난기가 발동한 만석꾼이 방에서 나오더니
"뭘 줄까 나무나 하나 줄까" 하고 놀렸다

탁발승은 어처구니가 없었으나
나무를 받아가지고
지팡이 삼아서 사용하다가 절에 도착하여
만석꾼이 준 나무를 절 주변에 아무렇게나 꽂았다
그랬더니 그 후 그곳에서 신비하게도
금방 뿌리가 내리며
마디 없는 파란 긴 나무가

하늘을 찌를 듯 쑥쑥쑥 자라났다

만석꾼은 자신이 놀림감으로 시주한 나무가
하루에 육 척씩 자라는 것을 보고
너무 놀라고 샘도 났다
그러던 어느 날 몰래 절에 숨어들어 캐다가
자기 집 텃밭 모서리에 심었다

그러자 괘심한 생각이 든 스님이
얼마 후 또 다시
만석꾼의 집으로 시주를 나와서
목탁을 두두리며 평염불을 하는데
방에서 나온 만석꾼은 줄 것이 있어도 못준다며
오히려 목탁을 빼앗아 깨뜨려버렸다

목탁이 깨져버린 스님은 목탁이 없자
때 마침 만석꾼이 절에서 몰래 캐다 심은
파란 나무를 두드리자 희한하게도
그 나무에서 통통통 ~ 통통통 ~ 하는
목탁소리가 났다

절 주변에는 최초 심었던 파란 나무가
다행이 뿌리를 뻗었던지
욕심쟁이 만석꾼이 몰래 캐간 후 부터
새순이 여기저기 쑥쑥쑥 솟아오르더니
순식간에 자라서 여러 개의 군락을 이루었다
그때부터 용흥사 스님들이
그 밭에 나가 두드리는 나무마다

마디가 생기면서 목탁소리가 나게 되었고
스님들이 그 속에 공력을 쌓고 또 쌓자
가득 차있던 만석꾼의 쌀 곳간은 얼마 안가서
감쪽같이 비워져 버렸고
긴 나무 마디 속에는 흰 쌀이 가득 들어있었다

그 지방 사람들은 이 나무를 대나무라 이름 짓고
마디마디를 잘라 가마솥에 넣고 익혀서
모두 배부르게 먹으며
가뭄으로 인한 배고픔을 견딜 수 있었다

그때부터 완동마을 사람들은 죽통밥竹筒食
또는 대통밥이라 부르며
마디를 잘라낸 대통 속에 여러 곡식이나 열매를
쌀과 섞어 넣고 지어먹게 되었다

강산 풍월주인江山風月主人, 설화說花

봉창구멍 소리 요란해 열어주었어
바람 홍얼이며 햇살 손잡고 들어오고
바깥 풍경 따라 들어오더니
백 리 안 촤르르 병풍을 쳤어

풍경이 술상을 펴고
햇살과 바람과 내가
안주로 이야기보따리 풀어내니
추성고을 추시주秋柿酒 붉도록
이야기꾼들 이야기꽃 피웠어

바람이 그런다
"우리 자주 만나, 같이 있으면
서로 위로가 되서 좋겠어"

그 사이 달빛이
바람과 햇살 밀어내고 별빛 손잡고 들어와
풍경은 서두소리
나는 권주가 부르고
달빛은 보따리 풀어 달항아리 속 달물주 퍼내고
별빛 반짝반짝 눈빛 반주하고
이야기꾼들 천일야화 피웠어
궁금해서 물었어

"달빛아 넌, 따뜻해 보이는데
왜 이리 몸이 차가운 거지?"

"응 난, 심장이 차가워서 그래,
항상 혼자니 외로워서"

궁금해서 물었어
"별빛아, 넌 왜 파랗게 깜박이는 거야?"

"응 난, 고독한 맘이 멍들어서 그래
날, 똑 따서 품어줄 사랑이 안와서"

우린 서로서로 통했어
"우리 마음 편히 비우고 살아,
자주 만나, 서로 어우러지면 고독하거나
외롭지 않아서 좋겠어"

우린 밤새도록 설화說花를 피웠고
새벽닭이 하얗게 울었어

봉창 1

아름다운 곳이다
빛이 마법처럼 변하는 곳이다
꼬마 구들장 지고 코풍선 불며 옹알이하는 곳이다
한지 먹인 틈으로 슬쩍 문지방 넘던 햇살이
이리도 이쁠 수가 없다

오묘한 곳이다
한지 화단에서 매화 난초 국화 죽화 피고 지고
바람과 운해가 문살 타고 흐르고
문풍지 구멍으로
사계四季 순리로 돌아가니
신묘한 풍경이다

그리운 곳이다
어릴 적 꼬마는 어디로 갔는지
지금은 어디서 무슨 꿈을 꾸는지
추억의 활동사진 거꾸로 잡아 돌리니
잔상이 줄줄이 몰려온다

설화가 핀 곳이다
마당과 울타리에 홍매 황매 백매가
설풍雪風을 틀어쥐고 설화雪花을 피우고

울타리 구멍으로 어린 소녀가 나오고
깨복쟁이 소년과 만나서 설화說話를 피운다

사랑을 채우는 곳이다
소년이 새벽녘 부석에 풍로를 돌려 왕겨불 지피니
가마솥 밥물이 끓어오르고
누나는 끓어오르는 시래기된장국 간을 보고
어머니가 반찬을 요리 허시니
뒤안 참새들이 정재에 들어와
요란스런 아침밥상을 차린다

꿈을 꾸는 곳이다
대숲 길 오르니 달빛 가득허고
대밭에서 들리는
아버지 참빗 낙죽烙竹 치는 소리에
죽순 씹던 봉황이 날아오르자
벽오동 거문고 타는 소리 그윽허다

연못 달빛 부르는 곳이다
황금빛 달물 연잎 이슬로 내리고
이슬 속 별빛 합궁하니
은하를 산란헌다
은빛 가득한 봉창 속은
꼬마의 우주다

봉창 2

아름다운 곳이네
빛이 마법처럼 변하는 곳이네
꼬마가 코풍선 불며 옹알이하는 곳이네
한지 먹인 틈으로
문지방 넘는 햇살이 찬란하다네

오묘한 곳이네
한지 화단에 홍매화 설풍을 틀어줘고
설화雪花가 피어나는 소리
들리는 듯 들리는 듯
바람과 구름바다가 문살 타고 흐르네
울타리 구멍에서 소녀가 나오고
소년과 만나서 속삭인다네

사랑이여 사랑이여
나의 사랑이여

꿈을 꾸는 곳이네
대숲 길을 오르니 달빛이 가득하네
대밭에서 아버지 참빗 낙죽烙竹 치는 소리
들리는 듯 들리는 듯
죽순을 먹던 봉황이 날아오르니
벽오동 거문고 타는 소리 그윽하다네

연못이 달빛을 부르는 곳이네
황금빛 달물이 연잎의 이슬로 내리네
이슬 속에서 별빛이 만나니
은하를 산란하네
꼬마의 우주는 신비롭다네

우주여 우주여
나의 우주여

꿈

유년시절 어느 날
기운이 물컹한 봄비 지짐거리던 날
솟아오르는 죽순과 키재기하며
우후죽순의 전설 만들어 나갔지
거추장스러워 툭툭 벗어 던지는 죽피竹皮

추적한 거적인가?
필요할 때 쓰고 버리는 소모품인가?
잊혀지는 기억인가?

소년은 죽순이 벗어 던진 죽피 칩에
빅데이터와 마음을 불어 넣었어
인공지능을 넣은 거지
칩과 매일 놀아주고 세상 소식을 전해주며
꿈을 말했어
그는 스스로 학습하여
새로운 꿈을 만들어 나갔어

바다를 숲으로 부르고
갈라파고스 섬, 냇가로 부르고
백악기 공룡, 들녘으로 부르고
밤에는 스티브호킹이 여행하던

블랙홀 속으로 들어가 빅뱅 실험해서
새별을 만들어 나갔지

새별 언덕배기엔
갈라파고스 거북이 걸치던 도롱이
뿔이 달린 트라케라톱스가 입던 갑옷
아나콘다 벗어 놓은 가죽옷
적절이 섞어 너와집 지어놓고
앞동산에는 별들을 모종하고
널찍한 마당은 예쁜 달 목욕할 연못을 만들고
앞뜰 화원에는 시간여행하는 꽃을 심어
꽃들이 퍼나르는 꿈 잔뜩 수집해
동생들에게 선물도 했어

대나무통 쪼개 여백을 펼치고
인두 달구어
사군자가 꿈꾸는 꿈을 치고
정글을 만들어 숲도 호령 했지

소년은 입력했어
꿈은 꾸기 나름이고
사랑은 기울기 나름이고
그림은 그리기 나름이듯
세상에 쓸모없는 것 어디 있겠어?
다 쓰기 나름이라고
세상 모든 존재들이

쓸데는 쓸모 있고 귀하다 여기고
쓰고 나면 추적한 거적이고
일회용 소모품이고
잊혀야 될 기억으로 여긴다면
꿈들이 어찌 슬프지 않겠어?
원통하지 않겠어?

미투미투 지겨운 미투도
소중히 하는, 사랑하는, 존경하는
Mee too가 되어야 하지 않겠어?
욕망을 추스리지 못하고
광풍을 잠재우지 못하고
언약을 지키지 못하는 무질서 속에서는
신성한 성전 인식의 문,
열지 못하는 것 아닌가 싶어

꿈 둥지를 비워 이슬 고이는 밤
별들이 외로워 울부짖는 밤
천둥 울리고 날선 번개 일갈하는 밤
죽화竹花 백 년 전설이 시작되는 밤
소년은 꿈을 부르는 연가를 부르고
정신 나간 죽피 칩에 마음 다시 불어넣었어

죽순의 전설

오월이라 봄의 막바지 봄비가 내리면
대쪽 같은 선비들 시를 치는 대숲
죽화 피워낸 백 년 전설의 댓뿌리
마디마디 싹을 틔우고
흙 베어 물고 솟아오른다
죽순이다

대숲 그물망 걸린 구름떼, 대쪽에 찔리면
품속 지닌 봄물 다 쏟아낸다
목 축인 죽순 화살보다 빠른 생육이 시작된다
우후죽순 전설의 서막이 열리는 것이다
형제 자매 죽순들
쑤욱쑤욱 키재기하며
아비 어미에 턱을 치받고
어깨쭉지 짚고 오르고 또 오른다
한 치 흐트러짐 없이
층층 쌓으며 햇살을 비껴간다

백 년 전설을 담기 위해 마디마디 속을 비우고
득도한 장인으로 엄숙한 의식 속에
고요히 쌓고 또 쌓는다

그 속도감 대숲 정령들 지켜보아도
가늠이 어렵다
다 자란 죽순 허물을 벗는다
육탈한 죽피다

삭풍한설朔風寒雪 후려쳐도
겉옷 한 벌 걸치지 않고 설화를 피우고
푸르른 혼줄 놓지 않는다
사시사철 푸른 기상
대쪽 같은 신념
부패한 세상 대초리 치는
곧은 면앙정 선비로 우뚝 선다

설중매 봄 사랑

맷토끼 눈망울만 한 함박눈
사락사락 내리는 추월산
산길 지워져 버린 등성이
북풍에 떠는 산처녀 어깨에
밤사이 설꽃이 피었다

설꽃에 푹 안긴 촌가시내
입술 벙글어지고 붉은 미소 흘리며
대궁 쭈볏 세워
임 어디 오시나 탐색을 한다
하늘이 하얗게 무너지고 무너져도
설풍雪風 다독이며
아슬아슬한 독백이 애절하다

어디신가요
빨리 오시어요
때가 되면 찾아오시는 그대
파릇한 어깨가 한결같은 온돌처럼
따뜻한 품속이 그립습니다
그대가 가물거리고 흰 눈 쉼 없이 나리는데
속 맘 숨길 수 없어
산자락 등성이 서성이며 기다립니다

보리피리 나그네

삭풍朔風 목 놓아 부르고
은백의 달빛 처량하게 내리는 끝점 없는 허허벌판
지평선 지워져버린 은빛 설원을
청동별빛 한 점 찾아 끝없이 헤매는 사슴이여

설화 피워내는 고독한 한삼자락 시나위
설원 백학과 어우러지니
천지가 울리는 광풍이 됩니다

댓잎* 서걱거리는 천 년 설화 흐드러진 대숲길*
걸어가는 고독한 사슴이여
쓰라린 기억들 삭풍한설에 날려버리고
그리운 기억들 맹종죽* 대롱에 담아
눈꽃 뜰에 묻어 놓으십시요
따사로운 봄날 묻어놓은 그리움
희망의 꽃으로 피어나리니

우련한 꿈 속 실개천 너머
부풀은 찰보리 해산달 다가오니
종다리 버들피리 분다 야단입니다

긴 꿈에서 깨어난 사슴이여
말 좀 해 주십시오
청동별빛 한 점 찾았는지를

꿈 빛 헤죽거리는 봄날
버려진 그대 뜰에 보리피리 소리 들리는지
희망의 꽃은 피는지를

*맹종죽 : 대나무와 죽순대속에 속한 제일 큰 대나무 종
　　　　 (인간 존엄, 득도의 존재, 상징)
*댓잎 : 대나무 잎새(청렴, 절개, 정절의 존재, 상징)
*대숲길 : 대나무로 이루어진 숲길(자아와 사유의 길, 상징)

담양장날
- 영산강 만성교의 풍경

여울목 돌고 돌아나가 치솟는 물빛에
회오리바람이 들이치니
빨주노초파남보 칠색 물보라가 꿈을 펴네

추성골 영산강변 따라 담양장날이 열리고
죽물전이 펼쳐지는 날
소년은 징검다리 걸터앉아 수채화를 그리네

굽이치는 실개천 여울목 피라미떼
대바구니 이고 다름질 치는
완동골 처녀들 치맛바람에 오색 꼬리 흔드니
능수버들 간드러지고

펄펄 끓는 황금모래밭
모래성 쌓던 누나의 여름 이야기
솔솔솔 밀어내는 하늬바람은
수선화 꽃술 차르르 빗어내리네

물수세미꽃 춤추는 간아당 거슬러 오르니
은날치떼 물빛을 수놓고
수초밭 물닭이 물꿩이 포란을 하고
우주를 깨고 나온
흰뺨검둥오리 새끼들 헤엄을 치네

물빛을 물질하던 황금 햇살 스러지는 소리에
담양장날 죽물전이 파하고
소년의 수채화 속에서 날아간 댓잎이
가을바람 넋살魂撒에 물수제비 뜨네

완동골 부자의 꿈

소년과 아버진 다랭이논 둔치에
다발로 쪼로록 세워둔
저릅대에 기대앉아 도란거린다
웃비가 지짐거리자
밀짚도롱이를 걸치고
저릅대 비늘 속으로 들어가 몸을 숨기고
그래도 들이치자
팽나무 밑둥가리 오목하게 패인 틈으로
몸을 의지하고 작대기 몇 개 세우고
비닐로 씌워서 임시 거처를 만든 다음
다랭이논을 주시한다
나락다발 말려서 열 다발식 쌓아놓은 짚비늘을
지난해 새벽에 도둑맞았던 터라
배고픔이란 놈이 벼랑 끝에 처절히 매달려
목숨 줄을 쥐고 있기에
날밤 당기어 눈썹에 걸고 지키려 함이다

는개비가 보초를 선다
스산한 바람 쓱싹거리자 날선 정신 번득일 쯤
소년 갑자기 겁나게 소리친다

"아부지 저기 앞 산 공동메똥에 시퍼런 불들이

휘리익 피리릭 거리고 난리 났어라우"

"아야 조용히 혀라 저건 도깨비불이란 것이여
도깨비한테 들킹게 조용히 혀라"

소년 불현듯 무서워진다
뇌하수체에 번개가 치고 온몸에 천둥이 울리자
두려움 허공에 매달려 심통을 두들겨댄다
신묘한 파란불이 사방 간데서
휘리릭 휘리릭
솟았다 없어졌다 나타났다
난장법석이다

"저건 도깨비불인디 망자가 한이 많아
혼이 저승길 못가고 이승을 떠도는 것이여
근게 들키면 귀신한테 홀려서 미쳤다가
나중엔 북망산 가는 기여
그런게 조용히 허고 숨도 참아야 혀 알았지야"

"아부지 알았어라우,
아부지 그렇게 할머니가 그러신디요
도깨비는 뿔이 달렸다는 디 참말인지라우?
요술을 부리는 방망이도 있다는디요 진짜여라우?"

아버진 아들놈 질문이 곤란한 듯 헛기침만
흠흠 거리더니
"아야, 긍게 좀 조용히 혀라, 들키것다,

아비가 다시 말헌게 잘 들어라잉,
그렇게 그것이 말이다 착한 도깨비가 있고
나쁜 도깨비가 있는 것이여,
다, 망자들의 혼령이 도깨비가 되는 디
생전에 나쁜 짓을 많이 허고 악하게 살았던 망자는
긍게 나쁜 도깨비가 되는 것이고
좋은 일을 많이 허고 착하게 살다 죽은 망자는
좋은 도깨비가 되는 것이여, 알았지야?"

아들이 호기심 잔뜩 고인 눈초리로
아버지 눈을 맞추자
흠흠, 헛기침이 고요를 다듬는다

"그렇게 그것이 말이다
그 뭣이냐 그렇게 된 것이여
시방부터 내 말 잘 들어라잉,
나쁜 도깨비는 이승에 있을 때 저지른 죄를 씻으려고
저승사자 명을 받아
부모님 말 안 듣고 선상님 말 안 듣고
공부도 안 허고 친구들과 싸우고 다니는
아그들을 혼내줄려고
또 나쁜 사람들 혼 내키거나
저승으로 데리고 가려고
도깨비 방맹이를 휘둘러서 요술을 부리닝께
저렇게 퍼런 불이 휘리릭 피리릭 거리는 것이여
알아묵것냐?"

아버지가 설파하자
소년의 가슴은 파문이 인다
그 파문은 상상에 바다로 전이 된다

"아부지 그러믄말이지라우
착한 도깨비는요?"

아버지는 이번에는
그다음 얘기를 준비해놨다는 듯

"응 그렇게 그것이 말이다 그 뭣이냐 거시기
그렇게 이렇게 되는 것이여
착한 도깨비는 말이여
착한 아그들 꿈속에 찾아가
연필 나와라 뚝딱, 공책 나와라 뚝딱,
사탕 나와라 뚝딱 허면서
도깨비 방맹이를 두들겨 불면은
와르르 쏟아지는 것이여"

"옆집 금숙이는?"

"너, 금숙이한테 장가가고 싶은기여?"
아버진 손으로 입을 막고 파안대소를 하자
아들은 발그레한 여명을 미리 당긴 듯
달아오른 얼굴로 응응 거리자

"알았어 알았당게,
니가 지금은 애비 말 잘 안 듣고 땡깡 놓고 그러지만
앞으로 낙죽 치는 공부도 잘 허고
참빗 얼 잡는 연습도 잘 허고
참빗 천연염색 수련도 잘 허면
도깨비 방맹이로 금숙이 나와라 뚝딱, 두들겨서
금숙이를 니 각시 되게 해줄기여 ㅋㅋ"

아들은 두 손으로 얼굴을 가리고
몸을 좌우로 비틀고 얼굴이 상기된 아들이

"그라문 아부지랑 엄니는요
동상은요?"

"응, 아부지 엄니는 두 말 없이 착헌게
금도깨비 방맹이로 뚝딱, 두들겨부러서
금쪽같은 너를 낳은 것이여
그라고 니 동상 깐돌이 말이여
그 녀석은 니 말 잘 안 듣고 자꾸 덤비지야?
그랑게 거 뭣이냐 거시기,
은도깨비 방맹이를 뚝딱, 두들겼응게
은쪽 같은 니 동상을 낳은 것이여
음음 암만 그라제"

"그라고 말이다 다음 동상들은
금도깨비한테 두들겨 달라고 혀서 니 말 잘 듣는

곱상한 동상들 낳아 줄랑게 염려랑 허들들 말어라잉
알것냐 아들아?"

"아부지 고맙당게요
참말로 고마워부러요 아부지,
아부지가 가르쳐준 데로 참빗 변에다가
참숯에 인두 잘 달구어서
사군자랑 동양화 낙죽 치는 연습이랑
얼 잡는 연습이랑 열심히 허고라우
피나무 뿌리 캐다가 소변 넣고라우
염색하는 것도 잘 허겠어라우
깐돌이 동상도 잘 보살필랑게요
아부지는 걱정 허지 마시랑게요"

"아야, 고맙당게
그러고 본게 니 동상이 보고잡다
어쩌야쓰까?"

"아부지 저도라우 보고잡어요
엄니도 보고잡고라우
우리 아부지가 최고랑게요"

완동골 부자 두 눈에 눈물이 고인다
끈적끈적한 뼈골 같은 응축된 눈물이 흐른다
그렇게 고요가 흐르고
비거스렁이 두루마리구름 돌돌 말아

구름다리 넘어가고
소년과 아버진 그렇게 바라던 새벽녘
치열한 삶 안내할 여명 새벽 밥상으로 펴고
선한 눈망울 껌뻑거리는 비이슬
반찬으로 차릴 요량이다

어둠의 정령,
부자에 도란거리는 소리 밤샘 엿듣다
도깨비들 다독여 밥상 뒤로하고
혼불魂火 물안개 몰아몰아
깊은 숲속으로 어둠의 잠행 떠난다

소년은 팽나무 밑둥가리 기댄 채
꿈나라에서 도깨비 방망이 뚝딱거리고
씻나락 까먹는 소리
옹알이 소리
구시렁대는 소년을
아버지는 밀짚도롱이 벗어 덮어준다
여명이 동녘을 물들이고
비이슬에 난반사되는 수만 가닥 햇살 속에서
미치도록 살아온 농자의 풍성한 결실이
미래의 펼쳐질 소년의 시중선의 경지가
들녘에 펄럭인다

* 저릅대 : 삼, 대마 말린 대
* 짚비늘 : 나락(벼)을 대량으로 쌓아놓은 짚단
* 밀짚 도롱이 : 밀짚으로 만든 우비
* 공동매통 : 공동묘지
* 참빗 "얼"을 잡다 :
* 대나무로 만든 참빗 얼굴, 가늘고 촘촘히 박혀 뒤틀려 있는 살대 간격을 일정하게 배열하기 위해 얼촉으로 한 살 한 살 끼워 물어 0.3m 정도에 간격을 조정하는 작업,
  참빗 제작 마지막 작업으로 장인의 혼을 불어넣는 "얼" 잡는 행위는 전통예술의 경지이다
* 낙죽:
  대나무로 만든 참빗이나 붓통, 부채 등 각종 대나무 공예품이나 생활 필수품 등에 참숯에 인두를 달구어 사군자 등 동양화 등을 그리는 행위, 예술의 경지에 다달은 장인, 국가에서 지정한 무형문화재 "낙죽장"이 있다.
* 참빗 천연염색:
  참빗 제작 중간과정으로서 살대를 엮어 피나무, 향나무 등 약 20여가지 나무뿌리 등을 넣고 오래된 소변을 넣고 펄펄 끓여서 물들이는 전통적으로 장인에서 장인으로 내려오는 천연염색 방법
* 웃비 : 비가 쫙쫙 내리다가 잠시 멈추었을 때, 비의 기운이 느껴질 때
* 지짐거리다 : 조금씩 내리는 비가 자꾸 오다 말다 하며 자주 내린다
* 비기스렁이 : 비가 갠 뒤의 날씨가 그 이전의 날씨에 '거스르게' 시원하게 느껴진다는 뜻

신의 날개 되어라

높고 넓다란 현상계 끝으로
하늘이 거꾸로 뒤집힌다
신神들이 박쥐처럼 물구나무를 선다
종種들이 쏟아낸 오물을 덮어버리기 위한
신들의 입에서 한없이 쏟아내는 눈꽃 풀이로
세상을 하얗게 쓸어버리고

여명은 살기 위해 처절하게
설꽃 날개 사이사이 틈을 찾는 사투를 벌이고
광야는 칼바람 두 손에 쥐고 은반을 연단하고
설풍雪風 날개는 중력을 거스르고
거꾸로 오르고 올라
정령의 입구멍 똥구멍 구멍이란 구멍은 다 치받고
열었다 막았다 시나위 꾼이 되고
구멍 구멍 속에서 들려오는 신음소리를 후리니
득음한 소리꾼이 되고

모든 경계가 지워져버린 설원
서러운 비애가 허공에 매달리고
소년은 영원하리란 염원으로
그 끈을 잡고 소달구지로
구비구비 돌고돌고

흰 도포자락 걸친 대숲
낭창소리 낭창낭창 들려오고
워낭소리 댕그렁 댕 댕그렁 댕
칡소 혓바닥 길게 늘어지고
코뚜레 포말
버블버블 부풀어 오르고

언덕배기 눈 쌓인 초가草家
굴뚝 연기 휘이휘이 마천루 오르고
아흔두 해 중력을 거스르는 한恨
잘름거리는 정안수잔 넋魂으로 띄워 올려
기도하는 여인
축원이 너울너울 춤추고

너덜너덜 복받친 설움들이여
백 년의 한恨
죽화竹花 희망의 나래 짓
대숲 끝 올라라

서러운 살풀이가락
뒤집힌 하늘 끝 올라라

연민의 피눈물
신의 권능 거슬러 피안彼岸에 올라라

※전설이 되신 어머님께 이 시를 바칩니다

청산낙수 靑山落水
-선경, 산수화

산수화 청산낙수靑山落水
지율은 언어의 세계를 그리다 잠깐 졸았는가?
대숲 검은 바람이 일렁이고
거친 비백飛白이 날고 팔분八分이 춤을 추네

한낮의 혼곤한 꿈들이
먹물로 거무스름하게 지워진 세계
검게 나타난 대죽의 기세는
흰 여백을 하늘로 무작정 밀어내니
서슬 퍼런 청색이네

어젯밤에 손자병법을 완독한
지율의 눈빛이 처연하다
뼈대만 드러내는 필선筆線은
검은 질감으로 질박하게 시공을 확장하니
계절이 쉭쉭 지나가네

지율의 그림에서 적송과 청죽이
벽공碧空을 뚫었고 속진速進은 사라졌다
붓을 든 화자는 청죽 숲을 바라보고 있고
댓잎에는 낮달이 살짝 걸려있네

육각정자는 연못의 백수련을 향해
두 다리를 내렸고
청죽에서 비파소리가 불어와
희끗한 귀밑머리를 스치자
지율은 밤을 꼬박 새우네
간밤에 흘린 눈물 수련 잎에 맺혔으니

햇살이 서성이는 사랑방으로
그는 걸어 들어간다
네모진 서안, 서가의 책들,
창문으로 달아나는 햇살 같은 여인,
격정이 없으면 붓을 들 수 없다
죽녹원 숲을 돌아 나오는 바람에는
비색翡色이 잔뜩 묻어있네

초심

글쟁이란 허울로
오래전 임들께 다가섰습니다
어느 날인가 꿈을 꿨습니다
글감을 주울 것인가
황금을 주울 것인가
이슬만 먹고 살 수 없다 하여
피죽만 먹고 살 수 없다 기에
싸라기밥만 먹고 살 수 없어서
마법으로 돌 살살 문질러
황금으로 만드는 연금술사 되는
꿈을 꿨습니다

물질만능, 자본이 적자생존하는
혼탁한 세상을 주유하면서
찌들고 헝클어지고 더께가 잔뜩 낀 가슴은
항상 음습한 한기寒氣가 돌고
심상心想은 허虛 했습니다

돌아가고 싶습니다
내 안의 내제된 순수의 세계로
순수 자연에 모든 만물과 어떻게 교감할 것인가 가
임들께 무엇을 전달할 것인가가

항상 망설여지고 두려웠습니다
부족하면 부족한 대로 풍족하면 풍족한 대로
무언가를 전달하고 싶습니다

어린 시절 어느 땐가
대숲에서 댓가지, 죽피로 둥지를 짓고 살았습니다
분죽과 신우대 가족들이 술렁거렸지요
조릿대 댓잎에 맺힌 이슬을 입술로 훑어 먹으며
일주일을 버텼습니다

장끼와 까투리가 사랑하다 말고 숨을 죽이고
산비둘기들 큰일 났다 구구대고
산토끼는 밤톨을 물어다 주고
다람쥐는 상수리 주어다 주는 것을
받아먹으며 살았습니다
무섭지 않았습니다
그 풍경에 그 온정에 설레였었습니다
순수가 그리워 머물렀다가
아버지께 대초리 맞았습니다
그러나 아프지가 않았습니다

앞으로 부족하지만
온정 있는 서정을 전달하고 싶습니다
글쟁이로서 꾸밈없는
진솔한 이야기를 그려내고 싶습니다
짧지만 긴 이야기

슬프지만 아름다운 이야기
기쁘지만 눈물짓는 이야기
가난하지만 배부른 이야기
풍요롭고 신명나는 이야기
사람 사는 이야기를 토해내고 싶습니다

보편적 가치로 서정적 정서로
색다른 이야기로 그려나가겠습니다
임들께 설레임을 주는 존재로
꿈꾸는 존재로
다시 다가서렵니다

초가삼간
- 죽녹차 시향

실개천 도란거리고
초가삼간 한가롭고
달 밝고 바람 맑아
흥취 절로나 소담하니
강산풍월주인江山風月主人 따로 없네

세속 벗들 아니 오고
산새들 조잘거리고
대숲에 평상을 펴고
죽녹차竹綠茶에 묻혀 시를 치니
음풍농월吟風弄月 따로 없네

산수가 병풍을 두루고
텃밭 갖은 채소
집안 삥 둘러
절로 밥상이 차려지니
단표누항簞瓢陋巷 따로 없네

죽순의 백 년 전설

오월이라 막바지 목비가 내리면
대쪽 같은 선비들 시를 치는 푸른 대숲
죽화 피워낸 백 년 전설의 댓뿌리
마디마디 싹을 틔우고
흙 베어 물고 솟아오른다
죽순이다

대숲 그물에 걸린 구름 떼
대쪽 같은 촉수에 찔리면
품속 지닌 봄물春水 다 쏟아낸다
마른 목 축인 죽순
화살촉 보다 빠른 생육이 시작된다
우후죽순雨後竹筍 전설의 서막이다

형제자매 녀석들 쑥쑥 키 재기 하며
아비 어미 턱을 치받고 어깻죽지 짚고
오르고 또 오르고 중천을 찌른다
한 치도 흐트러짐 없이 층층 쌓으며
햇살의 비수를 비껴간다

영혼 속에 전설 담기 위해
마디마다 통으로 비우고
득도한 장인으로 엄숙한 의식 속에
고요히 쌓고 또 쌓는다
그 속도 대숲 정령들 지켜보아도
가늠이 어렵다
다 자란 놈은 아이 허물을 벗는다
죽피다

삭풍한설朔風寒雪 후려쳐도
겉옷 한 벌 걸치지 않고 설화를 피우고
청죽靑竹의 기백을 놓지 않는다
사시사철 흐트러짐 없는 푸르른 기상
대쪽 같은 신념
버들 같은 부드러움으로
부패한 세상 질타하는
곧은 선비의 전설로 우뚝 선다

담양장날, 강변의 풍경

실개천 굽이쳐 여울목 차고 오르는
오색 버들치떼 징검다리 사이로 건너고
팽나무 잎 사이사이로 붉은 햇살이 새어드는
담양 장날 죽물전 길

여름 내내 물속에 잠긴 섬 뺏기
대사리 말조개 잡기
어항으로 피라미 가두어 잡기
작살로 붕어 잉어 찍어 잡기
쪽대로 메기 장어 몰아 잡기
파랗게 질리도록 물속에서 살았어

펄펄 끓는 황금모래밭
모래찜하던 누나의 사랑이야기
땡볕을 밀어내는 가을바람
민들레꽃 빛깔 고운 개울을 건너
은쉬리떼 피라미떼 물빛 난장을 치고
물꿩 새끼 치는 습지 갈대밭
난장 치는 햇살
금빛 윤슬 스러지는 소리
장날 파하는 소리 물수제비 뜬다

3부
자작나무는 자작하지 않는다

담양 예찬

천지가 맞닿은 듯 한 극도 없는 터라
산야가 푸른 물결 영산강 춤을 추듯
끝없는 대숲 길 여행 꿈결 위를 달린다

드높은 추월산에 설화가 피었어라
영산강 원류 타고 들녘이 황금물결
추성골 생태계 보호 자연유산 지키네

소쇄원 제월당 밑 계류에 발 담그니
뻐꾸기 사랑 놀음 벽오동 거문고 소리
봉황이 날아오르자 황금 달물 내리네

완동골 정록이네 샘터가 그립구나
샘물 속 별빛 달빛 은하를 산란하니
간아당 정자에 올라 시 한 수를 치노라

시詩, 치유학 개론

그는 삼십칠 년을 사업을 하고
삼십육 년을 시인으로 글을 쓰면서
몸과 관계위주의 치료보다는
시문학을 이용한 정신적 치유가
훨씬 효과적이라는 것을 알게되었다

우리는 부모가 할일을 잘했든 못했든
일단 어린 시절이 지나면
부모가 우리에게 줄 수 있는 욕구 충족을 위한
티켓의 유효기간은 만료되고 외로움은 시작된다
특히 말이 안 통하는 사람이 부모고 가족이라면
외로움은 끝을 알 수 없는 우물처럼 깊어진다
혼자일 때 외로울 것 같지만 실상은 그렇지가 않다
말이 안 통하는 사람과 같이 있을 때 가장 외롭다

자신을 잘 아는 사람들에게서 더 상처를 받는다
모르는 사람들에게는 이해관계가 없는 사람들에게는
상처를 받지 않는다
부모가 자식을 어떻게 생각하든 그건 부모 생각이다
내 마음은 내 것이고
나는 나의 행복과 미적 가치를
애절한 사랑을 추구할 것이다, 라고 외친다

그는 그의 부모를 사랑하지만 좋아하지는 않는다
좋아하지는 않아도 사랑할 수는 있다
그에게 사랑을 많이 주지 않았던 부모를
많이 사랑할 수 있다니
그는 자신이 너무 자랑스럽다고 외친다

- 사랑과 인정 갈구
- 미움
- 실망
- 상처
- 다시 사랑과 인정 갈구

이 굴레의 고리를 끊으려면 어떻게 해야 할까?
우린 인정받으려고 더 잘 하기도 한다
하지만 그걸 바랄수록 더 외로워진다
사랑과 인정을 갈구하고 실망하고 미워하는 일을
죽을 때까지 반복하며 자신을 괴롭힌다

그는 감히 말한다
어렸을 때 사랑받지 못한 사람들이
나이 들어서도 부모에게 집착한다
어린 시절에 받지 못한 사랑을 불혹의 나이가 넘어서
늙은 부모에게 받으려고 애쓴다
단절과 고립감이 얼마나 사람을 아프게 하는지
그는 몸소 느꼈기 때문이다

- 세상 = 무서운 곳

- 타인 = 나를 해칠 수 있는 공격자
          나에게 피해를 줄 수 있는 가해자
- 아버지는 "소인배들을 경계해라"
- 어머니는 "네 뒤통수에다 대고 저놈 독한 놈,
  저놈 독한 놈, 소리 들으면 살아라"

이런 공식을 머릿속에 주입 받으며 자랐던 것이다
약하고 의존적인 모습을 보일 때마다
아버지에게 혼이 났고
어른들이 아버지들이 어머니들이 하는 일을 배우고
똑같이 해야 했으며
열여섯 살 때부터는 사회에 나가 세상을 배워야했다

유년시절 내내 그는 응석을 부리거나
아이답게 어리광을 부릴 기회가 별로 없었다
학교 시험 볼 때가 되면
전날 밤 달달달 외워야 했고
학교 대표로 미술대회에 멀리 광주로 서울로 가야 되는데
집안 일이 우선이여서 대다수 참여하지를 못했다
그림을 잘 그려 천재란 소리를 듣기도 했지만
그는 모든 꿈을 포기해야 했다
어린 그는 자신의 모습을 볼 때마다 울음을 터뜨렸고
울 때마다 아버지에게 회초리를 맞았다

그의 아버지는 겨우 다섯 살짜리 자식을

오 일 장날 이리 저리 데리고 다니며
참빗 경매장, 어물전, 죽물전 등을
데리고 다니면서 말한다

"저 사람이 경매인이고
여기는 생선들 파는 어물전이고
저기는 대나무 상품을 파는 죽물전이야
그리고 저 사람은 사람들을 속이는 야바위꾼이다
잘 봐둬라
세상은 이런 곳이다"

그는 어렸을 때부터 귀에 못이 박히도록
들은 말이 있다
"세상은 위험한 곳이다
그러니까 네가 스스로 방어해야 돼"

무려 삼십칠 년 동안
수많은 사람들을 고용 창출하고
삼십육 년을 시를 쓰며 신인들을 지도하고
동량들을 키우고 후학을 배출하였다
또한 "Sns노마드파", 라는 학파를 창학하여
한국문단을 이끌며, 시 치유 상담으로
일정부문 성과를 거둔 그는
많은 사람들로 부터 이 질문을 받는다
바로 이 질문이다
"선생님은 왜 시인이 되셨어요?"

그렇다면 잘 나가던 사업이나 계속할 것이지
왜 많은 인문학 중에서 어려운 시문학을 선택하고
처절히 토해내는 시인이 되었을까?
자신을 치유하고 싶어서였을까?
암튼 모를 일이다
꿈속에서나 풀려야하는 숙제이고
득도 후에라야 깊은 답을 알 일이다

무정한 사랑

지난 세월의 허리 쓸어안아 반겨 봐도
그대는 어찌하여 나도 몰래
날 두고 떠나셨습니까?
잊지 못할 그대 모습 눈물의 실로 짭니다

대숲에 내린 고요한 달빛
옷감으로 베어 왔지요
그리움 모습 따라 그대 옷 만들어서
이슬마다 고인 별을 따서
그대 옷에 박았습니다

달도 저문 칠흑 같은 밤
구름 타고 흐르는 그대 향한 그리움
나도 몰래 가고 또 가련마는
그대는 멀어져 하늘 저 멀리 아련하고
수심은 깊어 부초의 늪 헤매입니다

희망
-기억된 그리움

매서운 바람 목 놓아 울고 달빛 처연한데
경계 지워져버린 설원을
청동 별빛 따라가는 길손이여

설화 고독히 피어나고
도포자락 춤사위 백학과 어우러지니
천지 울리는 광풍이 됩니다

댓잎 서걱거리고
눈엽雪葉 날리는 천년설千年雪 대숲 길
우수에 젖은 길손이여

쓰라린 기억 북풍에 날리고
그리운 기억 맹종죽 대롱에 담아
눈 쌓인 그대 뜰에 묻으오

남풍 불어오는 봄날
묻어놓은 그리움 꽃대 올리고
망울질 것이니

우련한 꿈 속, 실개천 너머
부풀은 찰보리 해산 하는 날
종다리 풀피리 부는 날

말 좀 해주오
그대 뜰에는
희망의 꽃 피는지를

자작나무는 자작하지 않는다

사랑하는 사람과 원대리 자작나무 숲으로
겨울산책을 갔다
흰 눈과 어우러진 자작나무 숲은
삭풍 휘돌아 나가며 윙윙 울고 있었다

어릴 적 대나무에 인두 그림을 그리시던
아버지가 떠오르고
대나무를 쪼갤 때 자작자작 울던 공명
그림이 잘 되지 않는 댓통을 던지면 나던 소리가
윙윙 울던 소리가 자작나무 숲에서 들린다

저 순백의 몸짓은 아버지의 몸짓이다
큰 대칼로 쪼개 무릎 위에 얹어
조름대로 훑어 내리시던 아버지가
자작나무 숲에서 눈발과 함께 춤추고 있다
아버지는 어머니를 많이 사랑하셨고
모든 걸 홀로 해결하시며 우리를 길러내셨지만
결코 홀로이지 않으셨다

참빗, 합죽선, 붓통의 등걸에
인두를 달궈 그리는 사군자나 동양화는
아버지에게 친구와 스승과 예술의 꿈을
데려다 주었다

아버지가 인두를 통해 사군자를 만나 듯
내가 사랑하는 사람과 여기 와서 아버지를 만나 듯
자작나무는 바람과 별과 구름을 가슴에 새기고도
흰 한삼자락 휘날리는 선비처럼 우직하다

마법의 성, 담양

춘설 내리는 추성골
펼쳐지는 노을과 대나무 숲
메타쉐콰이어 길
그 사이로 흩뿌려대는 함박눈
황금 꽃으로 피어날
마법의 주문을 외운다

주문이 걸린 이 순간 느낀다
살아 숨 쉬는 모든 것들에게
베풀어야 할 연민의 정이 무었인지를
난, 마법을 펼친다
무념무상의 고요한 세상을
모든 것들을 지워 버리고
비단 은침 설원을

기도하는 영성靈聖
섬진강 봄버들 늘어지길 소원하는
어미의 노들강변 선율 속에
내려앉은 하늘을 향해
설원을 향해
마법의 주문을 외운다

만유인력 상수

난, 절대 안된다고 했어
나보다 한 살 더 먹은 옆집 금숙이가
날 엄청 좋아하는 금숙이가
추석날 길곤이네 대밭으로 오라해서
내 손 꼭 잡고 하는 말이

"우리 스무 살 먹고 어른이 되면
너는 아빠 되고 나는 엄마 되야 허니께
간아당 너머 엉굴 사는 백여시가 꼬리를 처불어도
절대 넘어가지 말아야 혀,
그라고 절대 넋 놓지 말어, 만약에 넘어가불면
사생결단 낼랑게 그리 알어라잉"

그래서 난, 금숙이 허락 없이는
절대 안된다고 했어
백 번 죽어도 안된다고 했어
아부지 참빗 하청 심부름 가지말 걸 그랬어

바닷가에서 이사 왔다는 해당화 닮은 소녀
자운영꽃보다 작았어
풀꽃같이 가녀렸어
종달새 마냥 종종거렸어
그런 작은 소녀가
달보다 더 쎈 힘으로 날 끌어 당겼어

소녀의 유혹이 얼마나 강력한지
그토록 목석이던 내 심장이
천당에서 지옥까지 지옥에서 천당까지
등가속도로 아찔한 경배를 올리자
그녀 성전에서 태초가 열렸어

천국 소스코드

지금쯤 고향집은
학독 옆 장두감 빨갛게 익어
홍시가 되어 있을 것이고
장광에는 엄니가 담가 놓은 된장이
푹 익었을 것이고 그 속에 파묻어 놓은
길다란 열무시 콩밭에 쩔어
누렇게 야위였을 것이네

골 깊은 구름다리 건너면
앞냇물 뒷냇물 품속에서 숨어 노는 만성리
언젠가는 비주와 같이 살아갈 초가집 띄워 놓고
이엉 엮고 용마름 틀어 올린 지붕에
하얀 박꽃 촘촘히 밝혀 놓고
텃밭 옆 싸리담장 구멍마다
닭장 옆 탱자담장 구멍마다
뒤안 동백담장 구멍마다
설화가 주렁주렁 열릴 머루포도 심어놓고
앞 산자락에는 사랑이 칸칸이 담길
죽화 전설이 칸칸이 담길
맹종죽 심어놓고

우물가 학독에는

텃밭에서 똑똑 딴 홍고추와
쑥쑥 뽑은 생강 마늘 다듬어 넣고
찹쌀풀 쑤어 붓고
통멸치젓 새우젓 섞어
손돌로 싹싹싹 갈은 다음
텃밭에서 쑥쑥 뽑은
얼갈이배추 조선부추 다듬어 씻어 넣고
죽순 삶아 찢어 넣어 쓱쓱쓱 무쳐서
그녀 마음처럼 숙성 잘되는
질박한 옹기에 덜어 담고

학독에 넉넉히 남긴 겉절이에
따끈한 쌀밥 부어서
나무주걱으로 살살살 비벼내니
별나라 가신 우리 엄니 어깨 너머로 스캔한
얼갈이죽순겉절이비빔밥 완성이네

지금쯤 고향집에는
비주와 학독에 마주앉아 비빔밥 떠먹을 제
장두감 홍시 두 개
입가심으로
비빔밥 위에 뚝 떨어지겠네

불청객

마음의 경계 난간,
구름다리에 걸친 먹먹한 허탈의 늪
꾸꾸룩 차오르는 시간
심폐 잔뜩 부풀린 채로 눈을 감는다
어디로 부터 오는 걸까
이것은!

서름서름한 그리움
고독한 울렁증
낯섦을 두려워 말라 했던가!
숨 줄이 붙어있는 것들은 어차피 홀로 세워
낯설게 가야 될 존재들

살아가는 동안에 차올랐던 번뇌 내려놓고
사푼이 새털처럼 사라지는
또 하나의 마법,

덧없다 생각하는 것들은 다 무엇이며
수많은 상념 떨거리들은 또 무엇인지!
끝없는 목마름으로도
채워질 수 없는 것

넌, 도대체 누구냐?

홍매화 연정

영산강 줄기 따라
간아당 물빛 선율 따라
그윽한 선홍색 젖가슴
살쿵 젖히는 소리

촉촉한 초경 햇살에
유두꽃 수줍은 누이처럼
저고리 벗기는 발정 난 바람에
달싹이는 야릇한 내음이여
정염情炎의 여인이여

설원의 비애가 서러웠고
여울 앙금 해빙이 살가운 날
설화는 전설이 되었나니

종다리 새끼 치는 양지바른 둔덕
냉이 향 코를 스치고
아지랑이 잘름거리는 날
격정의 붉은 사랑 아름다웠나니

홍단치마 출렁이며
꽃신 신고 오는 여인
새각시 홍매여

하얀 꿈
- 야화가 핀 엉굴

월화月花 촉촉히 축이는 향교 엉굴
하얀 눈꽃 바들바들 기어들면
순수가 설겅거리는 마을은
하얀 꿈을 친다

야화夜花 하얗게 흐드러진 초가
남포불 심지 넋을 사르면
행랑 구들장 온기에 기댄 시객詩客
눈물의 연서를 쓰시나
샛강 건너에 기별을 보냈는지
봄볕에 자색치마 들썩거리는 목련
봉창에 가물거린다

설화雪花 이야기꽃 피우는 마을
달빛 쌓이고 쌓이니 그리움 망울지고
그리움 쌓이고 쌓여 애련화愛戀花 피어나고
잠 못 이루는 시객의 소망
신묘히 꿈틀거린다

아버지의 참빗 얼, 잡기
 - 유혼의 숨소리

오늘 따라 만월이 품은 달동이가 유난히도 크다
가득 찬 달물은 내 꿈의 먹이요 바다의 노래다
수많은 별들이 서슬 퍼렇게 쏟아져 가슴에 꽂히는 밤
난 파스텔로 별들의 마음을 그리느라
중력의 하중은 별거 아니다 라고 어찌나 참았던지
오줌보 쌍방울 누르기 작전에 걸려서
한 판으로 패할 때에는
거시기 불구자가 될 것 같다는 생각에
치간으로 정신없이 달렸다

다 써먹은 영양가치 없는 녀석을
치간 잿더미에 쫘악 쏴 쏟아버리자
살았다는 시원함에 콧노래를 부르며 방으로 향하는데
사랑방에서 아버지가 아직도 일을 하시는지
불빛 가물거린다
지난봄 입춘 때 였던가
아버지가 여닫이문에 초대해놓은
매화 난초 대나무 국화가
주인마님 흑모란과 함께 춤을 춘다

혹시 참빗 얼을 잡으시나 궁금하여
사랑방 문을 열었다
예감대로 아버지는 얼을 잡고 계셨다
30촉 둥근 전구, 달덩이 당겨 메달아 놓듯
눈앞에까지 끌어다 놓으시고
둥근 점박이 황소뿔테 돋보기를 쓰시고
흠집이 난 황소가죽으로 무릎을 감싸시고
참빗을 올려놓으신 다음
염력의 조화를 부리시어
부양의 집중력으로 얼을 잡으신다

0.3m 간격의 참빗살 틀어진 간격 바로 잡는
흠대를 쥔 손이 도술을 부리신다
얼을 바로 세워 정신이 바로 살아야
여인들에게 선택 받았을 때
사랑을 듬뿍 받을 수 있는 참빗의 운명,
자신은 사랑을 선택만 받을 뿐이지
선택을 할 수 없는 비애가 서러운 운명,
그 운명을 바꿔주기 위해
아버지는 녀석의 심령을 꽉 틀어쥐시고
얼을 바로 세우고 계시는 것이다
정신의 줏대가 바로 세워져야
'신령하여 불사불멸 한다는 정신'을
불어넣기 위해 마법을 부리시는
조물주시다

아침저녁으로 동백기름 바르고
찰찰히 빗어 내릴 때
불사불멸의 정신이 기름과 함께
반드르르하게 돌아 흐르는 향기로운 색기色氣가
여인들의 운명을 바꿔주는 것이다
맑은 향기를 가진 단아하고 가지런한 고혹의 기품은
사내들의 로망이리니
이 여인의 운명이 어찌
행복하지 않다 할 수 있겠는가
이 여인의 유혼에 어찌
불사불멸의 정신이 깃들지 않겠는가

귀티가 차르르르 흐르는 여인의 자태
흑모란과 춤을 추고
매화는 피고지고
대나무는 낙죽을 치고
국화는 보글거리다 넋을 잃고
아버지는 염력 부양하여
두 손으로 술법을 부리시어
이들의 고혹한 조화를 관장하신다

내가 방에 들어와 있는지도 모르시고
물질계와 절대계를 넘나들고
사선과 간극의 정수리를 타고 넘고
이승의 점을 찍고 저승에 획을 긋고
신령한 정신을 연단하여 심령 속에 불어 넣는다

얼을 바로 세워서 세상을 빗어내고
정신이 조물 된 참빗으로 부패와 병패도 빗어내고
역병도 빗어내어 호리병에 쓸어 담고
혼자서 다 하신다

신들의 권능을 넘나들고
도박인지 도발인지 다 하신다
쏟아지다 눈이 커진 별빛의 눈이 더 커졌다
앞산 가로지르던 만월도 더 커졌다
나도 꿈이 겁나게 커졌다
다 아버지 탓이다
다 아버지가 술법을 부린 탓이다.

남북통일

봄날이라 살가운 날
피륙이 각탈角脫하고 생기가 꿈틀거리는 날
잔설 속 잠꾸러기 햇살 다듬는 날
봄처녀 촉촉한 품속에서
솜털 탈탈 털고 일어난 초록의 동량들
싹수芽手 들어 만세
쌍수雙手 들어 만만세

남남북녀 삶에도 싹수가 푸르게 올까?
만세 부를 수 있을까?
응결진 물엿 같아 해갈하지 못했던 앙금deposit
해동thawing 되어 긴장과 슬픔의 시간 지나
백두대간 오장육보 뻥 뚫리고
희망이 쑥쑥쑥 자라는 푸릇한 봄
맞이할 수 있을까?

저들 저렇게 생동하고자 한다
봄비 후 쑥쑥 자라는 초록의 죽순처럼
죽녹원 맹족죽처럼

그해 오월

그해 오월
난 군을 제대한 다음 해라
동원예비군에 편입되어
불암산에 있는 동원훈련장에서
훈련을 받고 있었다
점심시간에는 항상 연병장 대형 스피커에서
뉴스와 노래가 흘러나오는데
그날은 스피커가 오수를 즐기는지
뜨거운 오월 하순 햇살 아래
축 늘어져 있다

그 다음날도
다음 다음날도 요지부동이다
조교나 교관들한테 물어봐도 잘 모른다
쉬쉬하는 분위기다
뭔가가 있구나 터졌구나, 하는 예감이
직관적으로 스치며 촉을 흔들었다
불안하다
오박육일 동원훈련이 끝나서
퇴소하는 날까지 먹통이었다

부대를 나와 버스 타려고

불암산 고갯길 황급히 뛰는 모습들
비상사태 그 모습,
길가는 시민들에게 물어보니
광주서 난리가 났다고 한다
제일 먼저들 도착한 곳이 신문가판대,
전라도 광주에서 사태가 났고
학생들이 데모를 하고
시민들이 가담을 했고
북한 간첩들이 조종을 하고 있다는
내용이 골자였다

31사단 수송부대 운전병으로 근무하는
동생에게 전화를 했다
동생 대뜸,

"형, 나 죽을라다 살아났어,
광주교도소 사수 명령을 받아
동료 병사들을 소송차량에 태우고
광주 교도소를 진입하는데
총알이 머리 위로 핑핑 날아다니고
동료 병사들이 총을 맞고 쓰러지고 해서
어떻게 수송차를 끌고 나왔는지 모르겠어
지금 담양경찰서도 털리고 난리가 났어
옆집 근만이 형은 화물 탁송하려 광주로 나갔다가
공수부대원들에게 몽둥이로 죽도록 맞아
시체더미 속에 버린 걸 가족들이

시체더미 속을 뒤져서 찾아왔고
조선대학교에 재학 중인 사촌동생 정환이는
수업을 마치고 담양 집으로 가려고
시외버스 정류장에서 승차 기다리다가
공수부대원들이 쳐들어와
이유도 없이 몽둥이로 두들겨 패고
군화발로 짓이기기에
그래도 살아보려 발버둥 치다
다른 학생, 시민들과 지하도로 속으로
도망쳐 겨우 살아왔어"

향교리 누구는 어떻고
담주리 누구는 어떻고 하는데
차마 다 들을 수가 없었다
내 눈에서 알 수 없는 눈물이 흐른다
동생도 말을 잊지 못하고 울어버린다

이틀 후 한 살 아래 친구 갑환이 한테서
전화가 왔다
갑작스러워 물었다

"아니, 너 제대 말년인줄 알았는데
제대 한거냐?"

"아니야, 말년 휴가 나왔다가 죽을 뻔 했다
용환이도 같이 말년 휴가 나왔는데
자대 복귀하려고

담양에서 광주터미널로 갔다가 난리가 났어
버스 정류장도 폐쇄되고 해서
시내로 나가서 서울 올라가는 차라도 잡아타고
서울 형 집에 들렀다 자대 복귀하려고
광주시내에 들어갔다가
시민들 틈에 끼어 밀려다니다가
공수부대원들과 맞닥뜨렸는데
귀대하려 버스 타러 나왔다고 설명도 하였고
군복을 입고 있었고 군번줄까지 걸고 있는데도"

"니들이 간첩이 변장한 것인지 어떻게 아느냐
설령 현역군인이라 하드래도
왜 시민들 틈에서 데모를 같이 하느냐
그리고 육군 땅개 새끼들이 군인이냐"며
개머리판으로 몽둥이로 패는 것을
맞고 맞다가 너무 아파서
젖 먹던 힘까지 다해 탈출해서 달리고 달리다
어느 국도 도로가에서
운 좋게 서울로 올라가는 승용차를 만나
상황설명을 하며 사정을 했더니
다행히 태워줘서 차단된 검문소를 피하고 피해
샛길 샛길로 힘들게 뚫고 나와서
서울 형 집에 도착했으니
친구야 빨리 와"

전화를 끊고 친구 집으로 가는 도중

별의별 생각이 다 떠오른다
세상천지, 민주주의 국가에서
도대체 무슨 해괴한 일이고 변고란 말인가
국민 가슴에 어버이, 형제 가슴에
총질, 몽둥이질, 개머리판으로 짓이기고
부수고 죽이는 이런 살육이
대명천지 어찌 호남의 중심부에서
일어 날 수 있단 말인가

공수부대란 그 군대는
어느 나라 군대이고 어느 나라 군인이란 말인가
그런 명령을 내린 원흉들은 도대체 누구란 말인가
너무 많이 궁금하고 마음이 아려온다

친구 집에 도착하여 두 녀석을
서로 껴안고 볼을 비비면서 잘살아 왔다고
어서 군대 제대하고 사회에 복귀해서 복학하고
직장도 들어가고 사업도 하고
결혼도 해야 될 것 아니냐면서 울었다

술은 캡틴큐 세 병에 새우깡과 오징어를 안주로
옥상에서 밤이 지도록 마시며 울다가 웃다가
군가하다 가요를 부르다
여명이 옥상을 비추고 우리 세 놈을 비추며
새로운 오늘이 있으니 정신 차리라며
구름 비껴 세우고 우리를 달군다
그날의 고통과 아픔이 아물고

피눈물이 멎었거니 했건만
오월의 그날만 되면 상처가 덧 내려서 쓰라린다
원흉 그들은 12.12쿠데타, 광주민주항쟁 살인,
천문학적 정치자금 수수로 수사 받아
사형선고를 받고
천문학적 금액을 추징선고 받았다

그러나 곧 바로 어느 정권에선가
국민화합차원이라는 명분하에 사면, 복권되고
가진 돈 29만원 밖에 없다는
지나가는 개가 실소하는 신조어를 유행 시키며
오만한 자세로, 사죄 및 반성을 안하고
합리화시키는 철면피, 인면수심으로
옛 권력 실세들과 휩쓸려 다니면서 골프를 치고
각종 행사에 참석하여 매스컴을 달구는 방종 등,
참으로 웃지 못 할 빅쇼 연출하며
지금도 대대손손 먹고 살 수 있는 천문학적
재화를 은익하고 호화호식하며
국가의 경호를 받으며 살고 있다

이것이 정의 인가?
다시 묻고 싶다
이것이 진정한 정의인가?
이것이 정의로운 민주사회인가?
매년, 반복되는 이 아린 고통이 죽을 때까지
반복될 것이고 이 고뇌 지속될 것이다
난, 아직도 그때가 생생하다

구십이 세이신 어머님이 많이 아프시다
모든 관절이 퇴화되셔서 전신을 펴지 못하시고
웅크리신 모습이 외할머니 뱃속 배아 형상이시고
엄니 엄니를 부르며 모천으로 회귀 중이시다
신장과 췌장기능이 거의 정지상태에
2급 치매라 대소변 케어 중이고 집안은 비상대기다
넋이 절반 쯤 나간 상황에서
이 시를 치다가 말고 어머님 병환에 집중했다가
오늘에야 퇴고를 한다
지식인으로 시대정신으로 참소리 못한다고
문인들에게 충고를 들은 적도 있다

허나, 다양성이다
목소리를 높일 때 높이는 것이지
아무 때나 높이는 신념을 가지고 있진 않다
나는 나다
그 신념 명확히 하고 싶다
잘하는 건 박수치고 못하는 건 충고하는 것
합리적인 사고를 존중한다

아직도 해괴한 정의 아닌 정의가
사회 곳곳에서 도사리고 있다
앞으론, 반목하지 않고 화합하여
서로가 상생하고 존중하고 신뢰하는
미래가치형 정의가 발현되고 구현됐으면 한다
이 부족한 시인의 소원이다

달리는 인생
- 새 사랑으로 영원히

세상은 달렸어
달구지 덜컹거리는 파동으로 펼쳐지는
황동빛 노을이 물들이는 세상
금 빗자루가 한바탕 쓸고 지나가는 세상
마법이 술술술 펼쳐지는 세상 함께 달렸어

세상은 달리고 달렸어
*참빗 빗살 속에서 *낙죽烙竹 치시는 아버지
인두 지지는 은은한 죽향竹香 내음에
매화梅花 대궁이 열였어
개헤엄 속으로 사라지는 강물
하늘로 들어 올리는 개구쟁이들이 있었어
*통이야, 소리에 어둠으로 숨는 숨바꼭질도 보였어
어머니는 새벽녘 샘터 장독대에 *길상부적 붙이시고
샘물 속에 흐드러진 별 밭 속
칠성七星 전에 엎드리시어 빌고 비는 두 손으로
가족 액운 떼어내시는 *샘굿을 하셨어

세상은 달리고 달리고 달렸어
졸참나무 숲에는 갈홍빛 잎새들
생生이 뚝뚝 떨어져 무덤이 쌓이고 쌓이고
삭풍이 피워낸 설화는

산화하는 노을의 넋을 위로하는 *노제路祭를 지내고
연둣빛 햇순은 잔설 비집고 만세를 불렀어

푸른 숲에 묻어놓은 애증은
빗줄기에 쓸려가 버리고
햇살에 취해 발그레한 꽃숭어리
유두 톡 터트리어 펼쳐 보이는 흥건한 속내가 보였어
새 사랑 비주가 지펴놓은 참꽃 군락에서는
선홍빛 불꽃이 뜨거웠어

*참빗 : 대나무로 만든 머리 빗는 빗
*낙죽 : 인두를 불에 달궈서 대나무에 사군자나 화조도 등을
 그리는 예술행위
*통이야 숨박꼭질 : 깡통에 돌을 넣어 툭 차면서 통이야 소리
 지르며 숨고 술래가 찾는 숨박꼭질
*길상부적(吉祥符籍) : 길하고 상서로운 기운을 염원하는
 부호가 적힌 부적
*샘굿 : 우물굿
*노제 : 노상에서 지내는 제사

봄바람

황금노을 산야를 덥히고
그대는 차가운 대지 뜨거운 가슴으로 품는다

들풀의 연두빛 싹을 틔우고
나목 가지 마디마디 움을 틔우고
꽃망울 터뜨릴 요량이다

산화한 노을의 혼魂
중천에 불을 댕긴다

고르디우스 매듭처럼 동면에서
단칼에 풀린 별들
블랙홀이 막 출시한 초성初星처럼 반짝인다

그대가 서성이는 대숲에서 부르는 건
부엉이인가
그대 시샘하는 삭풍朔風 인가?

은혜로운 인생길

보고픔 달래면서 그리는 고향산천
이 마음 완동고을 대밭을 헤매는데
세월은 구름다리를 둥실둥실 넘네라

그리움 객손 되어 내 영혼 흔들어도
배려한 축복의 길 그 기쁨 사랑이네
인고의 만고풍상은 흰 머리가 증표네

죄악의 잿빛 구름 보혈의 피로 씻어
십자가 사랑으로 이웃을 보살피며
서럽게 가는 저승길 미소 띠며 가려네

사랑합니다

冬去春又廻　동거춘우회
只因天地愛　직인천지애
春廻美花開　춘회미화개
亦因天地情　역인천지정

天地旣有愛　천지기유애
愛人理當然　애인이당연
南北厚積雪　남북후적설
何時盡消融　하시진소융

淸風輕飄拂　청풍경표불
催醒洞中蛹　최성동중용
明月潔皓然　명월결호연
促發土中芽　촉발토중아

黃花飄淸香　황화표청향
遙引蜂采蜜　요인봉채밀
紅花吐芳香　홍화토방향
遠至蝶翩舞　원지접편무

朝霞無限美　조하무한미
斜照竹節間　사조죽절간

喜鵲格外鳴　희작각외명
今有喜事来　금유희사래

粉櫻花盛開. 분영화성개
映紅少女顔　영홍소녀연
想道我愛你　아상아애너
盼聽我願意　반청아원의

겨울이 지나 봄이 오는 건
하늘 땅 사이를 사랑하기 때문이고
봄이 오니 아름다운 꽃들이 피는 건
하늘 땅 사이에 정이 있기 때문이지

하늘 땅 사이에 사랑이 있으니
사람을 사랑하는 건 당연한 이치요
남북에 두텁게 쌓인 적설은
언제쯤 전부 녹아 없어지려는지

쾌청한 바람 나뭇가지 사이 솔솔 불어
땅 속 벌레들 잠에서 깨라 재촉하고
밝은 달은 대지 환하게 비추어
흙 속 새싹들 돋아나라 독촉하지

노란 꽃 맑은 향기에 멀리서 꿀벌들
날아와 젖 꿀 채집하느라 분주하고
빨간 꽃 향긋한 향기를 날리니
호랑나비 줄지어 나풀나풀 춤추지

아침 햇살은 이토록 아름답게
대나무 사이로 비껴들고
창밖에는 까치가 유난히 지줄 대니
오늘은 어쩜, 좋은 일 있으려는지

분홍빛 벚꽃 화원에 만발하고
분홍빛에 붉으스레 상기된 소녀
너무 아름다워 마음 설레이는데
오늘은 용기 내어 고백할래요

"사랑합니다"
또, 어쩌면 그대한테서
이런 말이 나오기를 기대하면서

샘문시선 1041
담양골 오딧세이

샘터 이정록 제8시집

발행일 _ 2024년 10월 28일
발행인 _ 도서출판샘문
발행처 _ 도서출판샘문
저　자 _ 이정록
기　획 _ 박훈식
편집디자인 _ 신순옥, 한가을
인　쇄 _ 도서출판 샘문
주　소 _ 서울특별시 중랑구 동일로 101길 56(면목동, 삼포빌딩)
전화번호 _ 02-491-0060 / 02-491-0096
팩스번호 _ 02-491-0040
이메일 _ rok9539@daum.net / saemteonews@naver.com
홈페이지 _ www.saemmoon.co.kr (사단법인 문학그룹샘문)
　　　　　 www.saemmoonnews.co.kr (샘문뉴스)
출판사등록 _ 제2019-26호
사업자등록증 등록 _ 113-82-76122(사단법인 도서출판 샘문)
　　　　　　　　　 677-82-00408(사단법인 문학그룹 샘문)
　　　　　　　　　 104-82-66182(사단법인 샘문학)
　　　　　　　　　 501-82-70801(사단법인 샘문뉴스)
　　　　　　　　　 116-81-94326(주식회사 한국문학)
샘문사이버교육원 (온라인 원격)-교육부인가 공식교육기관 _ 제320193122호
샘문평생교육원 (오프라인)-교육부인가 공식교육기관 _ 제320203133호
샘문뉴스 등록번호 _ 서울, 아52256
ISBN _ 979-11-94325-84-0

본 시집의 구성은 작가의 의도에 따릅니다.
이 책의 저작권은 저자와 도서출판 샘문 및 주식회사 한국문학에 있습니다.
무단 전재 및 표절, 복제를 금합니다.

파손된 책은 구입처에서 교환해 드립니다.
본지는 한국간행물 윤리위원회 윤리강령 및 실천요강을 준수합니다.

문집 출간 안내

도서출판 샘문 에서는

베스트셀러 명품브랜드 〈샘문시선〉에서는 각종 시집, 시조집, 수필집, 동시집, 동화집, 소설집, 평론집, 칼럼집, 꽁트집, 수상록, 시화집, 도록, 이론서, 자서전 등 문집을 만들어 드립니다.

도서출판 샘문에서는 저자님의 소중한 작품집이 많은 독자님들에게 노출되고 검색되고 구매하여 읽히고 감상할 수 있도록 그 전 과정을 기획, 교정, 교열, 퇴고, 윤문(첨삭,감수), 디자인, 편집, 인쇄, 제본, 서점 등록(납품,유통), 언론홍보, SNS홍보 등, 출판부터 발매 까지의 전략을 함께해 드립니다.

📖 출판정보

샘문시선은 도서출판비를 30% 인하 하였습니다. 국제원자재값 폭등으로 인하여 문집 원자재인 종이값 등이 3번에 걸쳐 43% 상승하였으나 이를 반영하지 않았습니다.

📢 저자가 필요한 수량만큼 드리고 나머지는 서점 유통

📢 시집 표지는 최고급으로 제작함 – 500부 이상

📢 제목은 저자 요청시 금박, 은박, 에폭시로도 제작함

📢 면지는 앞뒤 4장, 또는 칼라 첨지로 구성해드림

📢 본문은 100g 미색 최고급지 사용함(눈 보안용지, 탈색방지)

📢 본문 200페이지 이상은 80g 사용

📢 저서봉투 – 고급봉투 인쇄 무료 제공

📢 출간된 책 광고(본 협회 => 홈페이지, 샘문뉴스, 내외뉴스, 페이스북 13개그룹(독자& 회원 10만명), 카페 3개, 블로그 2개, 카톡단톡방 12개, 유튜브, 카카오스토리, 인스타그램, 문예지 4개, 문학신문 등)

📢 견적 ▷ 인세 계약서 작성 ▷ 기획 ▷ 감수 ▷ 편집 ▷ 재감수 ▷ 재편집 ▷ 인쇄 ▷ 제본 ▷ 택배 ▷ 서점 13개업체 납품 ▷ 저자에게 납품 ▷ 유통 ▷ 홍보 ▷ 판매 ▷ 인세지급

📢 출판기념회는 저자 요청시 본사 문화센터(대강의실) 무료 대여 가능(70명 수용가능) 현수막, 배너, 무대 조명, 마이크, 음향, 디지털 빔, 노트북, 줌시스템, 모니터, 컴퓨터, 석수, 커피, 차, 무료 제공

📢 저자 요청시 저자의 작품 전국대회에서 수상한 시낭송가가 낭송하여 유튜브 동영상 제작 => 출판기념식 및 시담 라이브 방송

📢 저자 요청시 네이버 생방송 출판기념회 가능(유튜브 연동) – 네이버 라이브 커머스쇼

📢 뒷 표지에 QR코드 삽입가능 – 저자의 작품 시낭송 유튜브 동영상 등(요청시)

📢 교정, 교열, 감수, 윤필(첨삭감수), 평설, 서문 등(유명한 시인, 수필가, 소설가, 문학평론가, 항시 대기)

문집 출간 안내

📖 빅뉴스

이정록 시인의 〈산책로에서 만난 사랑〉이 네이버 선정 베스트셀러로 선정 된 이후 〈내가 꽃을 사랑하는 이유〉, 〈양눈박이 울프〉, 〈꽃이 바람에게〉, 〈바람의 애인, 꽃〉시집이 연속 교보문고 베스트셀러에 선정 되고 5권 전부 출간 순서대로 골든존에 등극하였다. 평생 한 번도 어렵다는 자리를 이정록 시인은 5년 동안 5번에 오르고 현재도 이번 2022년 5월경에 출간된 [바람의 애인, 꽃] 영문판과 [담양장날]이 출간을 기다리고 있다

〈서창원 시인, 2회〉, 〈강성화 시인〉, 〈박동희 시인〉, 〈김영운 시인〉, 〈남미숙 시인〉, 〈최성학 시인〉, 〈이수달 시인〉, 〈김춘자 시인〉, 〈이종식 시인〉 외 한용운문학상 수상 시인인 〈서창원 수필가〉, 〈정세일 시인〉, 〈김현미 시인〉가 올랐고, 2022년 올 봄에는 〈정완식 소설가〉『바람의 제국』이 소설집으로는 최초로 『네이버 선정 베스트셀러』 반열에 올랐고, 〈이동춘 시인〉에 『춘녀의 마법』 시집이 『네이버 선정 베스트셀러』 반열에 올랐다. 그리고 컨버전스공동 시선집과 한용운공동 시선집도 간간히 베스트셀러를 하고 있는 〈베스트셀러 명품브랜드〉 『샘문시선』 이다

〈샘문시선〉은 〈베스트셀러_명품브랜드〉로서 고객님들의 〈평생가치를 지향〉하는 〈프리미엄 브랜드〉입니다. 고객이신 문인 및 독자 여러분, 단체, 기관, 학교, 기업, 기타 고객분들을 〈평생 고객〉으로 모시겠습니다. 많은 사랑 부탁드립니다

📖 샘문특전

📣 교보문고, 영풍문고, 인터파크, 알라딘, 예스24시, 11번가, Gs Shop, 쿠팡, 위메프, G마켓, 옥션, 하프클럽, 샘문쇼핑몰, 네이버 책, 네이버쇼핑몰, 네이버 샘문스토어 등 주요 오프라인 서점, 온라인 서점, 오픈마켓 서점에서 공급 및 유통하고 있습니다.

📣 기획, 교정, 편집, 디자인에 최고의 시인 및 작가, 편집가, 디자이너, 평론가, 리라이팅(첨삭 감수) 및 감수 전문가들이 참여하여 감성, 심상이 살아 있는 시집, 수필집, 소설집, 등 각종 도서를 만들어 드립니다.

📣 인쇄, 제본, 용지를 품질 좋은 우수한 것만 사용합니다.

📣 당 출판사 〈한용운공동시선집〉, 〈컨버전스공동시선집〉과 〈한국문학공동시선집〉, 〈샘문시선집〉을 자사 신문인 (샘문뉴스)와 제휴 신문인(내외신문), 글로벌뉴스와 홈페이지(2군데), 샘문쇼핑몰, 네이버 샘문스토어, 페이스북, 밴드, 카페, 블로그를 합쳐서 10만명의 회원들이 활동하는 SNS 20개 그룹 공개 지면 및 공개 공간을 통해 홍보해 드립니다.

📣 당 출판사를 통해 국립중앙도서관 및 국회도서관 및 전국 도서관에 납본하여 영구적으로 보존해 드립니다.

📣 당 문학그룹 연회비 납부 회원은 30만원 상당에 〈표지용 작품〉을 제공 받습니다.